T0098774

Fondateur
André ROBINET

Directeur
Gilbert HOTTOIS

Entre modernité et post-modernité, cette collection d'essais a pour vocation première d'encourager des réflexions originales sur l'avenir d'une civilisation caractérisée par l'affrontement entre traditions et technoscience.

LA SCIENCE ENTRE VALEURS MODERNES
ET POSTMODERNITÉ

Pour Demain

LA SCIENCE ENTRE VALEURS MODERNES ET POSTMODERNITÉ

Conférence au Collège de France

par

Gilbert HOTTOIS

PARIS

LIBRAIRIE PHILOSOPHIQUE J. VRIN

6, Place de la Sorbonne, V^e

2005

© *Librairie Philosophique J. VRIN,* 2005

Imprimé en France

ISSN 0180-4847

ISBN 2-7116-1776-9

PRÉSENTATION

L'unité des études contenues dans ce volume est thématique : il y est question de la recherche scientifique contemporaine, de sa nature, de ses représentations socio-politiques et de ses relations aux valeurs dans le cadre de notre civilisation polytechnicienne et multiculturelle globalisée.

En quelques décennies, une double évolution philosophiquement significative est devenue manifeste autant que problématique, et il n'est pas toujours aisé de démêler dans quelle mesure elle concerne la réalité de la Recherche&Développement techno-scientifique ou sa représentation.

Une première évolution n'a cessé de resserrer les liens entre l'activité scientifique et l'activité technique entraînant la création d'un nouveau terme – *techno(-)science* – qui exprime ce caractère indissociable.

La seconde n'a cessé de rapprocher les représentations scientifiques (hypothèses, théories, conceptions scientifiques de l'univers, de la vie, de l'homme) et les autres représentations symboliques (mythes, religions, croyances) propres aux diverses cultures et époques historiques, tout en dénonçant les privilèges de la vérité, de l'universalité, de l'objectivité, de la rationalité scientifiques.

Observons que si on inclut dans la notion de culture non seulement les expressions et représentations symboliques mais aussi toutes les pratiques matérielles, spécialement les *techniques* matérielles, ainsi que le font les anthropologues et les ethnologues (mais rarement les philosophes), l'évolution cesse d'apparaître comme double. Elle exprime la progressive pénétration de l'activité scientifique dans une culture – une forme de vie – où les techniques matérielles s'étendent, se diversifient et dominent toujours davantage au point de matérialiser peu à peu l'activité symbolique elle-même, *via* les technologies de l'information et de la communication (TIC) et les sciences cognitives, notamment. Il faut cependant veiller à ne pas hâtivement banaliser et réduire cette culture en la déclarant « matérialiste », croyant ainsi avoir tout dit et jugé. Car ce qu'est la matière est loin d'y être univoquement définissable et « matérialiser » paraît surtout y aller de pair avec « opérer ».

Quoi qu'il en soit des deux aspects de cette évolution, elle n'en est pas moins philosophiquement problématique. En effet, les philosophes ont traditionnellement conçu la science dans le prolongement de l'activité philosophique (théorique, spirituelle; discursive, symbolique) et en l'opposant à l'activité technique, matérielle, ignorée ou méprisée. Complémentairement, ils ont conçu la science comme supra- ou méta-culturelle, universelle, indemne des particularités propres aux diverses cultures et croyances.

La première partie du volume – *La science européenne : entre valeurs modernes et postmodernité* – reprend d'abord le texte de la conférence telle qu'elle fut prononcée à l'occasion du grand Colloque « Science et Conscience Européennes » organisé en novembre 2004 par le Collège de France alors que les mouvements en faveur de la recherche – en France et en Europe – étaient particulièrement vigoureux. Est ensuite reproduit le texte intégral de l'étude, avec ses très nombreuses notes et références. Le lecteur pressé peut parfaitement se contenter de la conférence et, le cas échéant, se reporter à l'un ou l'autre supplément d'information et d'analyse dans le deuxième texte.

La seconde partie du volume – *Deux conférences sur la science et la bioéthique* – reproduit deux exposés présentés dans le cadre de colloques co-organisés[1] à Paris par l'Unesco :

– « De la philosophie des sciences à la philosophie des techniques », Colloque sur *L'histoire et la philosophie des sciences d'un point de vue cosmopolitique*, en mai 2004.

---

1. Le premier par les Éditions du Paradoxe ; le second par l'IALES (Association Internationale Droit, Éthique, Science).

– « Principes normatifs universels en bioéthique », Colloque sur *Bioéthique et Droit international*, en février 2005.

La première conférence a, vers la même époque, été aussi prononcée devant l'Académie Royale des Sciences, des Lettres et des Beaux-Arts de Belgique[1].

En suivant depuis quelques années en tant que membre du Comité d'organisation scientifique et stratégique du Collège de France (COSS), certains aspects des activités de recherche et d'enseignement du Collège de France, nous avons pu constater combien – dans l'ensemble – celui-ci demeure attaché aux valeurs de la modernité, tout en accueillant activement les apports critiques des sciences humaines et sociales dans la mesure où elles ne s'engagent pas inconsidérément dans la déconstruction postmoderne de ces mêmes valeurs. Ayant été pendant sept ans membre du Groupe Européen pour l'Éthique des Sciences et des Nouvelles Technologies auprès de la Commission Européenne (GEE) de l'Union Européenne et chargé du Rapport préliminaire à l'Avis sur les aspects éthiques du Cinquième Programme Cadre, nous avons saisi l'occasion de cette conférence au Collège pour faire le point historique et critique sur la philosophie politique de Recherche&Développement inspiratrice de l'Union Européenne.

Associé à diverses reprises, quoique ponctuellement, aux travaux de l'Unesco dans le domaine de la

---

1. *Bulletin de l'Académie Royale de Belgique. Classe des Lettres et des Sciences Morales et Politiques*, 1-6, 2004.

bioéthique et lecteur attentif depuis longtemps des publications de l'Unesco relatives à la recherche scientifique, nous avons pu constater que cet organisme complexe a résisté inégalement aux tentations des descriptions postmodernes de la science. Le projet de Déclaration sur la bioéthique ne s'égare cependant pas dans des excès culturalistes et relativistes. Il exprime un assez bon équilibre entre modernité et postmodernité.

La Négrépine, avril 2005.

LA SCIENCE EUROPÉENNE
ENTRE VALEURS MODERNES
ET POSTMODERNITÉ

LA CONFÉRENCE

Dans « Refonder la recherche », l'Assemblée des Professeurs du Collège de France déclare qu'« il est nécessaire de retrouver le sens d'une grande ambition collective ».

Au début du XVIIᵉ siècle, Francis Bacon, à l'origine de l'image moderne de la science, distinguait « trois degrés d'ambition » : l'ambition simplement égoïste ; l'ambition politique au service de la patrie ; et celle de l'homme qui « travaille à restaurer et à accroître la puissance et l'empire du genre humain lui-même sur l'univers. Cette ambition-là est plus sage et plus noble que les autres. Or l'empire de l'homme sur les choses repose tout entier sur les arts et les sciences ».

Concevoir chacune de ces ambitions comme pure et exclusive des deux autres serait une illusion démentie par la vie de Bacon lui-même. Mais l'idéal est clair d'un savoir-pouvoir reposant sur une connaissance fondamentale et universelle des lois de la nature et permettant de transformer celle-ci dans l'intérêt du genre humain. Cet idéal véhicule une immense *espérance* (mot récurrent chez Bacon) à la mesure de l'ambition, qui s'inscrit toutefois au sein d'un cadre religieux traditionnel : il s'agit, en définitive, de reconquérir ce qui a été perdu suite à la Chute originelle : le savoir-pouvoir d'Adam. C'est au sein de ces limites que « l'homme est un dieu pour l'homme ».

Descartes ne dira pas autre chose, même si ses accents sont très différents.

Les Lumières et Encyclopédistes français célébreront Bacon, confirmant son rôle fondateur dans l'image moderne de la science.

La sécularisation de cette image, au cours des XVIIIe et XIXe siècles, ne modifie pas le paradigme de base : le progrès porté par l'universalité de la science et de la technique unifie l'humanité et la conduit vers un état final, une société pacifiée, facilitant le plein épanouissement de l'humanité en chaque individu.

***

En 1945, le célèbre rapport intitulé « Science, the Endless Frontier » remis par Vannevar Bush au Président Truman constitue un texte fondateur de la politique américaine de la science durant les premières décennies de l'après-guerre. Il a inspiré aussi la politique scientifique en dehors des États-Unis.

Le Rapport propose un modèle linéaire du progrès et des relations entre science, technique, société :

1) La recherche fondamentale s'effectue dans les universités ; elle est imprévisible et doit être libre et financée par l'État.

2) Elle découvre les lois de la nature qui permettent l'invention de nouvelles techniques et produits.

3) Ces inventions permettent le développement d'entreprises compétitives.

4) Ces entreprises assurent le plein emploi en même temps qu'une vie meilleure pour tous.

Suivant ce modèle, le financement public de la recherche fondamentale constitue le meilleur soutien de l'État aux entreprises privées.

À la source de la recherche elle-même agit une force à laquelle le titre du Rapport fait écho : l'esprit curieux et pionnier, qui explore inlassablement l'inconnu et déplace les frontières du savoir indéfiniment.

C'est pourquoi le Rapport consacre toute une section à la liberté de la recherche : celle des chercheurs par rapport aux institutions où ils travaillent et celle des institutions de recherche par rapport aux pouvoirs qui les financent. « La recherche comme exploration de l'inconnu est inhibée par les approches conventionnelles, les traditions et les standards », ainsi que par « les préjugés ou les nécessités commerciales ». Un certain nombre de recherches aboutissent, mais on ne peut anticiper ni combien ni lesquelles. Liberté et imprévisibilité sont en consonance avec le fait que des lignes de recherches relevant de disciplines très différentes se croisent et se fécondent les unes les autres. L'unité des sciences procède de ces interactions fertiles entre les divers domaines. L'imprévisibilité de la recherche se démultiplie dans les applications techniques et les utilisations sociales.

Le Rapport souligne qu'il faut laisser le temps à la recherche : une exigence indissociable de la liberté et de l'imprévisibilité : les financements doivent être garantis sur des périodes suffisamment longues.

En conclusion, l'image de la science valorisée par le Rapport est bien *moderne* : le progrès sera *universel*, l'Amérique a simplement pris le relais de l'Europe. La technologie *suit* la recherche fondamentale au double sens où elle est chronologiquement et axiologiquement seconde : la science demeure perçue avant tout comme une affaire de connaissance. Le désir d'explorer et de conquérir de nouvelles frontières de l'esprit est libre et illimité. Il est propre à une fraction de la société – la communauté des chercheurs –, mais le reste de la société y participe par procuration d'emplois, de confort, de consommables, de santé, de loisirs, de nouveautés, etc. L'État démocratique est ainsi justifié à fournir à la communauté des chercheurs les moyens financiers qu'elle demande.

***

En mil neuf cent quatre-vingt-dix-sept, les Communautés Européennes publiaient un rapport rédigé sous forme de livre par deux économistes, dont les titres en français et en anglais offrent une curieuse disparité : *La société, ultime frontière* et *Society, the endless frontier*. L'ambition en est très grande :

révolutionner la philosophie politique des sciences associée au modèle linéaire illustré par le Rapport américain, définir la philosophie et l'architecture du Cinquième Programme-Cadre de Recherche& Développement (5PC) (1998-2002) afin « d'orienter le système européen de recherche et d'innovation ».

La désaffection du modèle moderne du progrès par l'opinion publique interdirait désormais la justification automatique du financement public de la Recherche&Développement. En outre, le modèle linéaire fonctionne mal en Europe : l'excellence scientifique y débouche insuffisamment sur des applications socio-économiquement utiles. Il faut réagir en installant l'*innovation* au cœur du processus de Recherche&Développement, et parler désormais davantage de Recherche&Innovation (R&I).

Qu'est-ce que l'innovation ? De l'aveu même des auteurs, le sens du terme est variable. Que l'« innovation » désigne un changement moins radical qu'une découverte ou une invention ne paraît pas essentiel. La notion d'innovation tend à relativiser le rôle des sciences « dures » dans les processus de changement. Une innovation n'est pas nécessairement technique et matérielle : elle peut n'être que sociale (organisationnelle, juridique …). Et lorsqu'elle est technique et matérielle, l'innovation comprend d'autres aspects, également voire plus importants : des aspects commerciaux, de rentabilité, d'accessibilité ; des enjeux moraux, écologiques, de qualité de vie, etc. Or ces aspects « de société » devraient être pris en compte tout au long du processus de recherche, depuis la conception du projet de recherche à la diffusion des produits dans la société. Semblable accompagnement de la recherche comporte une part essentielle d'anticipation et d'orientation délibérée qui associe divers acteurs à « la construction de la demande sociale dans le processus de recherche ». Le modèle Recherche& Innovation s'efforce de juguler l'imprévisibilité de la Recherche&Développement et assimile l'autonomie de la recherche à une « idéologie spontanée des chercheurs ».

Le modèle Recherche&Innovation « favorise la recherche pour résoudre des problèmes de société et d'entreprise (…), nouvel horizon de la recherche » ; il promeut une science et une technologie « mobilisées (harnachées) autour de problèmes économiques et sociaux majeurs ». La connaissance doit *servir*; la distinction entre le vrai et l'utile est « réductrice (*simplistic*) » comme l'auraient montré « de nombreux travaux de sociologie des sciences ». L'« obligation de résultats » à imposer aux chercheurs constitue un thème récurrent.

Quelle est plus précisément la « philosophie » sous-jacente au modèle Recherche&Innovation ?

Le Rapport fournit des indications de son inspiration socio-constructiviste, notamment dans une section intitulée « La construction sociale des technologies et actions publiques "socio-techniques" ».

Il adopte un socio-constructivisme modéré, qui s'exprime néanmoins nettement jusque dans le vocabulaire utilisé. L'ennemi désigné est le « modèle linéaire » du progrès technoscientifique et social. À travers celui-ci, ce sont les concepts et les valeurs modernes qui sont disqualifiés, telles que l'universalité de la vérité scientifique, l'autonomie des sciences et de la communauté scientifique, le rôle décisif des faits et de la cohérence logique dans la résolution des controverses scientifiques, la valeur supérieure et désintéressée de la connaissance, l'irréductibilité de l'objectivité scientifique et de l'efficacité technique à des croyances culturelles, des solidarités sociales ou des stratégies politiques.

La critique ou « déconstruction » de la modernité entraîne que le socio-constructivisme est fréquemment étiqueté « postmoderne ».

L'approche socio-constructiviste ne se contente pas de mettre en évidence l'importance des contextes historiques et culturels pour le développement des sciences et des techniques, à la manière de facteurs extérieurs contribuant à les orienter. Une telle conception, encore moderne, sépare trop les sciences sociales des sciences dures. Il s'agit, au contraire, de révéler et d'introduire les dimensions psycho-socio-politiques et les intérêts particuliers, au cœur même de toute activité scientifico-technique. Et de justifier ainsi la présence active des sciences sociales d'un bout à l'autre des processus de recherche dans toutes les disciplines, sous prétexte de les informer et de les éclairer sur elles-mêmes.

> Plus on avance dans la connaissance des processus du développement social des sciences « dures » (controverses, logiques d'intérêt diverses, batailles médiatiques, etc.), plus la frontière entre sciences exactes et sciences de l'imprécis devient problématique. L'hybridation sciences dures / sciences sociales peut

être facilitée par la structuration des actions de recherche autour d'un problème socio-économique à résoudre.

L'enchevêtrement constaté s'en trouvera évidemment renforcé et confirmé : le socio-constructivisme postmoderne valorise les mélanges, les métissages, l'hybridation généralisée.

Le lecteur est frappé par le caractère engagé du Rapport européen qui a, sinon déterminé en tous cas influencé la philosophie politique des sciences européennes depuis le Cinquième Programme Cadre. La sociologie constructiviste ne représente qu'une tendance limitée et controversée de la sociologie et de la philosophie des sciences et des techniques contemporaines. Elle s'oppose, par exemple, à la sociologie classique des sciences, fidèle aux valeurs modernes. Le Rapport européen peut sembler ainsi prendre implicitement parti dans ce que l'on appelle quelquefois la « guerre des sciences ».

Enfin, n'est-ce pas une tentation sociologiste qui s'exprime dans l'étrange lapsus de la version française du titre : *La société, ultime frontière*, dont le sens est à peu près le contraire de *Society, the endless frontier*?

***

En 2003, dans *La revolución tecnocientifica*, le philosophe espagnol Javier Echeverria décrit comme irréductiblement *pluriel* le *sujet* de la Recherche et Développement et Innovation (RDI) ou, ainsi qu'il dit aussi : de la technoscience. Ce sujet est très différent du sujet (cartésien ou kantien) de la science moderne, supposé rationnel, universel et animé d'une intention fondamentalement cognitive. Ce sujet-là était encore perçu comme relayant le sujet du savoir théorique (contemplatif) et discursif de la philosophie.

Composé d'une multiplicité d'acteurs – chercheurs de diverses disciplines, techniciens et entrepreneurs, bailleurs de fonds et actionnaires, juristes et économistes, commerciaux et publicistes, etc. – le sujet de la technoscience n'est axiologiquement ni neutre ni univoque : *pluriel*, il est aussi *conflictuel*. Le financement de la recherche, lorsqu'il est privé impose de tenir compte du profit comme valeur et du marché comme norme ; lorsque le financement est public, il introduit une axiologie inspirée par le « bien public », mais aussi dictée par la perception du public, les pressions des lobbies et les stratégies des partis. Selon le contexte et le moment, dominent, dans la Recherche et Développement et Innovation, les phases subjectives, intersubjectives et objectives ; et elles ne sont pas toujours aisées à démêler.

Au sein de cette subjectivité plurielle, la communauté scientifique avec ses valeurs traditionnelles (rigueur, objectivité, probité, indépendance, véracité, publicité, etc. …) demeure cependant axiale. Si cette communauté se laissait contaminer exagérément et dans la confusion par des valeurs, des croyances ou des intérêts étrangers ou hostiles à la science, tout le système s'effondrerait. Mais il est aisé de comprendre le malaise d'une large fraction de la communauté scientifique. Elle fait désormais partie d'un sujet-système-processus complexe qu'elle ne contrôle pas ni ne finalise, au sein duquel, ses valeurs propres ainsi que son travail sont instrumentalisés au profit de valeurs et d'intérêts étrangers, dans lesquels le chercheur ne se retrouve pas ou fort peu. Cette situation correspond à la définition même de l'*aliénation*. Elle est vécue de manière inégale : certains chercheurs réussissant une sorte de conversion qui en fait des chefs d'entreprise, des gestionnaires ou des actionnaires de la Recherche et Développement et Innovation. Le système étant plein d'interactions et de boucles de rétroaction, il n'interdit pas une sorte d'instrumentalisation à rebours des bailleurs de fonds privés et publics grâce à la présentation séduisante d'un projet par des chercheurs désireux avant tout de faire avancer la connaissance. C'est de bonne guerre, aussi longtemps, du moins, que ces stratégies ne diminuent pas la qualité intrinsèque du travail de recherche et des résultats obtenus.

Les problèmes de choix ne procèdent pas seulement de la pluralité culturelle et axiologique du sujet de la Recherche et Développement et Innovation, mais encore de l'abondance des pistes possibles de recherche technoscientifique. Vu l'absence de critères communs, la nécessité de choisir est conflictuelle. Echeverria souligne la nature « structurellement conflictuelle du sujet de la technoscience ».

Si le Projet Manhattan constituait le paradigme inspirateur du Rapport américain, Echeverria attribue au Projet Génome Humain un rôle similaire pour la technoscience dans les années quatre-vingt-dix. On y trouve en effet : financement public et privé ; fina-lités cognitives largement instrumentalisées par des enjeux économiques, politiques, juridiques (brevets) ; sujet pluriel, complexe et conflictuel au plan des valeurs et des intérêts ; informatisation.

J'ajouterais cependant que ce Projet conserve des aspects majeurs du paradigme antérieur : recherche fondamentale et grande ambition d'exploration et de conquête de « nouvelles frontières ».

Echeverria rappelle que James Watson, premier directeur du Projet, décida de consacrer 5 % du budget à l'étude des implications éthiques, juridiques et sociales.

***

Cette indication converge avec un bref passage du Rapport européen qui évoque le récent « déve-loppement de "quasi-institutions" de débat et de concertation tels que les Comités d'Éthique (…) pour aller plus loin, et, en particulier pour dépasser la combinatoire des "groupes de pression" (…) ».

Un des aspects les plus discutables de la postmodernité est qu'elle conduit à ne plus considérer les questions que sous l'angle esthétique des préfé-rences de goût ou sous celui des rapports de forces.

D'une certaine manière, le sujet pluriel et conflic-tuel de la technoscience est largement *inconscient*. « Inconscient » signifie que chaque membre de ce sujet ne veut avoir conscience, la plupart du temps, que de ses désirs et intérêts propres qu'il s'efforce d'imposer à l'exclusion des autres.

Or, ce sujet cherche à se donner une conscience plus large, une *conscience morale*. Mais à sujet pluriel, *conscience plurielle*. Je fais l'hypothèse que cette conscience plurielle s'est cherchée à travers la multiplication de comités d'éthique (spécialement, de bioéthique) au cours de ces dernières décennies. À l'appui de cette hypothèse, je souligne deux aspects de ce développement :

1) Les comités d'éthique ont été progressivement institués à tous les échelons de complexité et d'extension : local, national, international, mondial. L'Europe a joué ici un rôle déterminant.

2) Ces comités sont ou en tous cas devraient être à la fois pluridisciplinaires et pluralistes, et inclure des représentants des associations d'intérêts qui composent la société.

L'interdisciplinarité pluraliste inclut les sciences humaines appelées à informer le sujet pluriel de la technoscience sur lui-même ; elle inclut les « humanités », telles la philosophie, la théologie et le droit, invitant le sujet pluriel à s'exprimer et à discuter à propos de valeurs et de normes, y compris des finalités spéculatives, et à formuler un avis. L'avis rendu pourra n'être que partiellement consensuel. Le consensus est une préférence éthique, pas une obligation. Les divergences doivent pouvoir s'exprimer en explicitant leurs présupposés. Le comité d'éthique en tant que conscience est l'instance où le sujet pluriel de la technoscience discute au lieu de se déchirer. L'instance aussi où il peut acquérir une « trans-culture » scientifico-technique et une « métaculture » du multiculturalisme, sensibilisant aux autres et à la diversité. Il y aurait beaucoup à dire sur la méthodologie appropriée aux comités d'éthique, que je ne puis développer ici. Conscience et conscientisation sont à comprendre comme des processus accompagnateurs, évolutifs, susceptibles d'infléchir prudemment les dynamiques technoscientifiques et d'aider à l'assimilation progressive de celles-ci par les mentalités, les morales, le droit. Ce serait un contresens d'y chercher le retour d'une conscience en surplomb dictant des normes transcendantes et immuables.

Le Rapport européen ne mentionne pas le Groupe Européen d'Éthique auprès de la Commission Européenne auteur, en mille neuf cent quatre-vingt-dix-sept, d'un Avis sur les « Aspects éthiques du Cinquième Programme Cadre ». Le Groupe européen y prend la défense de la recherche scientifique et des valeurs modernes associées, tout en précisant les limites d'une évaluation éthique des projets de recherche soumis pour subvention.

**

En conclusion :

1) Je trouve imprudente la critique sans nuance – et plus encore la déconstruction – des concepts et valeurs modernes concernant la recherche fondamentale, les qualités exigées du chercheur et la place de la communauté scientifique dans la Recherche& Développement. Comme le suggère le terme lui-même, la post-modernité n'est, éventuellement,

viable que sur la base d'une modernité qui serait réalisée globalement et durablement.

2) La philosophie de *Science, the Endless Frontier* n'est pas périmée ; elle demande à être nuancée et complétée, en s'inspirant avec prudence du Rapport européen, par la considération de la complexité de la Recherche&Développement et de ses rapports avec la société et la nature.

Sans nostalgie pour une recherche fondamentale indifférente à l'égard des applications et consé-quences sociales, Christian de Duve encourageait, dans une récente conférence, une pratique de la recherche non finalisée et non soumise à des obli-gations de résultats proches, mais qui soit néanmoins constamment attentive aux possibles applications, risques ou développements utiles que son chemi-nement croiserait.

Ainsi que l'écrit Anne Fagot-Largeault : « le sujet qui fait la science est communautaire » et « les communautés scientifiques sont indissociables de la communauté humaine globale (cosmo-politique) ».

Mais il convient d'*analyser* les interactions et interdépendances, et non de renchérir sur la confusion universelle. Science, éthique, droit, politique, sont des genres différents.

Un défaut majeur du modèle moderne est sa reconnaissance déficiente des sciences sociales et des humanités. Elles sont quasi absentes du Rapport amé-ricain. Mais le Rapport européen ne les réhabilitent que de manière partielle : d'une part, en privilégiant l'économie et la sociologie constructiviste et, d'autre part, en les mettant au service de l'innovation. Or, *toutes* les sciences humaines ont un rôle essentiel à jouer à la fois comme *accompagnement critique* de la Recherche&Développement et comme *mémoire* à préserver et à étendre. Peut-on rêver d'une plus belle alliance entre les savoirs symboliques et les pratiques technoscientifiques que l'usage par les sciences historiques, archéologiques, ethnologiques et philologiques des prodigieuses possibilités offertes, notamment, par l'informatique, la télématique, la simulation et la réalité virtuelle?

3) La science est désormais productrice-transformatrice de ses objets et de la réalité. C'est pourquoi les questions qu'elle soulève ne relèvent pas seulement de la raison théorique, mais aussi de la raison pratique et de la volonté. Les *comités d'éthique* sont des institutions nouvelles particulièrement significatives pour notre civilisation technoscientifique et multiculturelle. Savoirs scientifico-techniques *et* savoirs symboliques peuvent y interagir sans domination. Lorsqu'ils sont suffisamment indépendants, pluridisciplinaires et pluralistes, ces comités aident à garder une distance critique à l'égard des dogmatismes religieux et idéologiques autant qu'à l'égard des pressions technocratiques et économistes. Ils rendent attentif aux faits scientifico-techniques et à la perception culturelle valorisée de ces faits qui constituent d'autres faits dont il faut aussi tenir compte. Les comités d'éthique sont des lieux originaux de prise de conscience et de réflexion, à la fois respectueux des différences et soucieux de reliance, qui devraient être encouragés. En eux peut se forger cet « universalisme

pluraliste » qu'évoquait récemment Mireille Delmas-Marty.

4) En parcourant la littérature actuelle relative à la recherche, un thème apparaît de manière récurrente, dans le contexte des « sciences dures » autant que dans celui des « humanités ». C'est la question de la *temporalité*. Le temps long, ouvert, exigé par la recherche est souvent contrasté avec le temps court de la politique, des média, de l'innovation et de la recherche finalisée. L'importance de ce temps long était reconnue dans *Science, the Endless Frontier*. D'une manière qui pourrait être complémentaire, la temporalité moyennement longue est prise en compte dans le Rapport européen à travers la notion de développement durable, en dépit de sa focalisation sur l'innovation.

Je pense que la question du temps est inséparable de l'appel à une vision ample et ambitieuse pour la recherche.

Nous ne sommes plus dans la temporalité circulaire du mythe ni tout à fait dans la temporalité finalisée de l'Histoire religieuse ou sécularisée. Nous sommes dans la temporalité immense et inanticipable que nous enseignent la biologie, la géologie, la cosmologie. C'est de cette temporalité-là – et de l'espace cosmique qui y est associé – que l'espèce humaine provient et c'est en elle qu'elle doit se perpétuer. L'exploration et l'invention technoscientifiques peuvent l'y aider de façon décisive. Mais la conscience de cette temporalité – avec ses conséquences en termes de contingence, de précarité, de liberté et de responsabilité – est encore loin d'avoir pénétré les mentalités, les morales, les politiques. Sensibiliser à la temporalité longue offre des garanties contre la volonté idéologique de clôture de la société et de l'histoire, et contre les risques d'un pilotage anticipatif abusif de l'exploration et de l'invention de l'avenir. C'est l'assimilation culturelle de découvertes et d'inventions imprévisibles qui pousse les sociétés à s'ouvrir et à évoluer indéfiniment.

« La recherche scientifique, écrivait le philosophe français Gilbert Simondon, est orientée vers des objets ou des propriétés d'objets encore inconnus. Les individus libres sont ceux qui effectuent la recherche, et instituent par là une relation avec l'objet non social ».

« Non social » ne signifie pas a- ou anti-social, mais bien : dont la portée symbolique et pratique n'est pas épuisée par la culture de la société au sein de laquelle la découverte-invention se produit de telle sorte qu'elle pousse cette société à s'ouvrir et à évoluer. En ce sens, la recherche n'est certes pas « hors société », mais elle n'est jamais non plus totalement « dedans ».

LE TEXTE INTÉGRAL [1]

À L'ORIGINE DE L'IMAGE MODERNE
DE LA SCIENCE

Dans le texte intitulé « Refonder la recherche », l'Assemblée des Professeurs du Collège de France déclare qu'« il est nécessaire de retrouver le sens d'une grande ambition collective » [2].

En 1620, Francis Bacon, à l'origine de l'image moderne de la science et du scientifique [3], distinguait :

---

1. Si l'expression « science européenne » dans le titre désigne la science à portée universelle qui se fait en Europe, elle garde une acception moderne. Si elle signifie une « qualité » particulière de la science qui se fait en Europe – une science davantage pénétrée de conscience et de valeurs par exemple – et qui est, peut-être, exportable ailleurs, alors l'expression « science européenne » prend une acception, pour le moins, plus complexe.

2. *Le Monde*, 14 mai 2004 ; repris dans *La lettre du Collège de France*, n°11 (Hors série), juin 2004.

3. « (...) peut-être le constructeur le plus important de l'image moderne de la science et du scientifique », M. Peltonen (éd.), *The Cambridge Companion to Bacon*, Cambridge, Cambridge University Press, 1996, p. 14.

trois genres et comme trois degrés d'ambition : le premier comprend ces hommes qui sont avides d'accroître leur propre puissance au sein de leur pays ; c'est le genre le plus commun et le plus vil. Le second comprend ceux qui s'efforcent d'accroître la puissance et l'empire de leur patrie au sein du genre humain ; ce genre montre plus de dignité, mais non moins d'avidité. Mais qu'un homme travaille à restaurer et à accroître la puissance et l'empire du genre humain lui-même sur l'univers, cette ambition-là sans doute (s'il faut encore la nommer ainsi) est plus sage et plus noble que les autres. Or l'empire de l'homme sur les choses repose tout entier sur les arts et les sciences. Car on ne gagne d'empire sur la nature qu'en lui obéissant [1].

Concevoir chacune de ces ambitions comme pure et exclusive des deux autres serait une illusion démentie par la vie de Bacon lui-même. Mais l'idéal est clair d'un savoir-pouvoir reposant sur une connaissance fondamentale et universelle des lois de la nature et permettant de transformer celle-ci dans l'intérêt du genre humain.

Cette image moderne de la science n'ignore ni le social ni le politique. Une science active a nécessairement des conséquences publiques, à la différence d'un savoir contemplatif et privé. Bacon conçoit déjà l'entreprise scientifique comme collectivement organisée [2] et à poursuivre de génération en génération.

---

1. *Novum Organum*, trad. fr. M. Malherbe et J.-M. Pousseur, Paris, PUF, Livre I, aph. 129 (p. 181).
2. Cf. *La Nouvelle Atlantide*, trad. fr. M. Le Dœuff et M. Llasera, Paris, GF-Flammarion, 1995, p. 129 *sq.*

Ses idées contribuèrent à la fondation de la Royal Society (1662). Le progrès du savoir et de la technique véhicule une immense *espérance* (ce mot est récurrent chez Bacon) à la mesure de l'ambition. Elle s'inscrit toutefois dans un cadre religieux traditionnel : il s'agit, en définitive, de reconquérir ce qui a été perdu suite à la Chute originelle : le savoir-pouvoir d'Adam dans le Jardin d'Eden. C'est au sein de ces limites que « l'homme est un dieu pour l'homme » [1]. Descartes ne dira pas autre chose [2], même si ses accents sont très différents.

Les Lumières et Encyclopédistes français célébreront Bacon, confirmant son rôle fondateur dans l'image moderne de la science [3].

La sécularisation du contexte de valorisation de l'image moderne de la science et des techniques, au cours des XVIIIe et XIXe siècles, ne modifie pas le paradigme de base : le progrès porté par l'universalité de la science et de la technique unifie l'humanité et la conduit vers un état final, une société pacifiée, facilitant le plein épanouissement de l'humanité en chaque individu [4].

1. *Novum Organum*, Livre I, aph. 129.
2. Dans la Sixième Partie du *Discours de la Méthode* où se trouve la fameuse affirmation sur les sciences et les techniques propres à « nous rendre comme maîtres et possesseurs de la nature ».
3. « "Ce grand génie" (Diderot), "le plus grand, le plus universel" (d'Alembert), le découvreur de "la véritable méthode pour étudier la nature" (Condorcet) ... », cf. A. Pérez-Ramos, « Bacon's Legacy », *in* M. Peltonen, *op. cit.*, p. 320.
4. L'utopie marxienne – où la technologie joue un rôle déterminant, comme l'a montré il y a longtemps déjà K. Axelos : *Marx, penseur de la technique*, Paris, Minuit, 1961 – en procède également. Afin que cette alchimie opère, il faut que la société soit réceptive et

« SCIENCE, THE ENDLESS FRONTIER »
MODERNITÉ ET MODÈLE LINÉAIRE DU PROGRÈS

Le célèbre rapport intitulé « Science, the Endless Frontier »[1] remis par son auteur, Vannevar Bush, en 1945 au Président Truman constitue un texte fondateur de la politique américaine de la science durant les premières décennies de l'après-guerre[2]. Il a inspiré la politique scientifique en dehors des États-Unis[3].

Le Rapport s'ouvre par le titre *Scientific Progress is essential* qui propose un modèle linéaire du progrès et des rapports entre science, technique, société :

1) La recherche fondamentale s'effectue dans les universités et institutions de recherche ; elle est imprévisible et doit être libre et financée par l'État.

2) Elle découvre les lois de la nature qui permettent l'invention de nouvelles techniques et produits.

---

que les échanges soient suffisamment fluides et réciproques entre la communauté des savants et les autres composantes de la société civile et politique : en ce sens les progrès scientifico-techniques ont été indissociables des progrès de la démocratie.

1. Rédigé à la demande de F.D. Roosevelt (1944) par Vannevar Bush, Président de l'Office de la Recherche Scientifique et du Développement, United States Government Printing Office, Washington, 1945. Je cite d'après le texte officiel imprimé à partir d'internet ; un léger décalage de pagination est probable. Les citations traduites l'ont été par moi-même.

2. « We have no national policy for science. (...) It should be brought to the center of the stage (...) », *op. cit.*, p. 9.

3. Le CERN en constitue la meilleure illustration européenne.

3) Ces inventions suscitent le développement d'entreprises compétitives.

4) Ces entreprises assurent le plein emploi en même temps qu'une vie meilleure pour tous (santé, confort, épanouissement physique et psychique).

Suivant ce modèle, le financement public de la recherche fondamentale constitue le meilleur soutien de l'État aux entreprises privées.

À la source de la recherche elle-même agit une force à laquelle le titre général du Rapport fait écho, et qui le traverse de part en part : l'esprit curieux et pionnier, qui explore inlassablement l'inconnu et déplace les frontières du savoir indéfiniment.

C'est pourquoi le Rapport consacre toute une section à la liberté de la recherche[1] : celle des chercheurs par rapport aux institutions où ils travaillent et celle des institutions de recherche par rapport aux pouvoirs qui les financent[2]. « La recherche

1. Dont l'affirmation revient comme un leitmotiv : « Le progrès scientifique en général résulte du libre jeu d'intelligences libres, travaillant sur des sujets de leur choix, d'une manière dictée par leur curiosité pour l'exploration de l'inconnu » (p. 10).
2. C'est un des cinq « fundamentals » : le financement public ne peut enlever aux institutions de recherche leur indépendance quant à l'utilisation des fonds. « This is of the utmost importance » (p. 24). Suivant Echeverria – *La revolucion tecnocientifica*, Madrid, Fondo de Cultura Economica, 2003 (p. 196) – cette indépendance des chercheurs et des institutions de recherche par rapport aux organismes de financement fut très difficile à faire admettre par le Congrès américain qui voulait financer *et* garder le contrôle. Echeverria ajoute que « le conflit entre la liberté de la recherche et le contrôle social de la science est présent dès l'origine de la technoscience ».

comme exploration de l'inconnu est nécessairement spéculative. Elle est inhibée par les approches conventionnelles, les traditions et les standards », ainsi que par « les préjugés ou les nécessités commerciales » [1]. Une recherche n'aboutit pas nécessairement, ni là où on l'attendait. Le succès est une affaire « statistique » : un certain nombre de recherches aboutissent, mais on ne peut anticiper ni combien ni lesquelles. Liberté et imprévisibilité sont en consonance avec le fait que des lignes de recherches relevant de disciplines très différentes se croisent et se fécondent les unes les autres : songeons à tout ce que biologie, chimie, physique, etc., ont apporté à la médecine par exemple [2]. L'unité des sciences procède de ces interactions fertiles entre les divers domaines. L'imprévisibilité de la recherche se démultiplie dans les applications techniques et les utilisations sociales.

Enfin : il faut laisser le temps à la recherche : cette exigence est indissociable de la liberté et de l'imprévisibilité. Elle est condition de fécondité. Il faut donc que les financements soient garantis pour des périodes suffisamment longues (cinq ans et plus) [3].

1. Page 24, et « Basic research is essentially noncommercial in nature » (p. 17).

2. Voir pages 14, 11 et 24.

3. C'est le premier « fundamental » (p. 24). « Basic research is a long-term process – it ceases to be basic if immediate results are expected on short term support » (p. 25). Cette prise en considération du temps concerne aussi le futur qui passe par la formation des jeunes générations sur laquelle le Rapport insiste vigoureusement. Il souligne la nécessité de sélectionner les meilleurs, sans discrimination de condition économique et sociale (p. 20). Le chapitre 4 y est consacré : *Renewal of our Scientific Talent*.

En conclusion, l'image de la science valorisée par le Rapport Bush est bien *moderne* : le progrès induit sera *universel*, l'Amérique a simplement pris le relais de l'Europe. La technologie *suit* la recherche fondamentale au double sens où elle est chronologiquement et axiologiquement seconde : la science demeure perçue avant tout comme une affaire de connaissance. Le libre désir d'explorer et de conquérir de nouvelles frontières de l'esprit est illimité. Il est propre à une fraction de la société – la communauté des chercheurs –, mais le reste de la société y participe par procuration d'emplois, de confort, de consommables, de santé, de loisirs, de nouveautés, etc. L'État démocratique est ainsi justifié à fournir à la communauté des chercheurs les moyens financiers qu'elle demande.

« LA SOCIÉTÉ, ULTIME FRONTIÈRE »
SCIENCE EUROPÉENNE
ET SOCIO-CONSTRUCTIVISME POSTMODERNE

En 1997 et 1998, l'Office des Publications Officielles des Communautés Européennes publiait comme un ouvrage le rapport rédigé [1] par deux économistes, Paraskevas Caracostas et Ugur Muldur, dont les titres en français et en anglais offrent une curieuse disparité : *La société, ultime frontière* et *Society, the*

---

1. À la demande de la Commissaire à la Recherche (DG XII), Edith Cresson, qui a signé la Préface.

endless frontier. L'ambition en est très grande : révolutionner la philosophie politique des sciences associée au modèle linéaire illustré par le Rapport Bush[1], définir la philosophie et l'architecture du Cinquième Programme-Cadre (5PC) (1998-2002) afin « d'orienter le système européen de recherche et d'innovation »[2].

Suivant ce Rapport européen, la désaffection du modèle moderne du progrès par l'opinion publique interdirait la justification automatique du financement public de la Recherche&Développement. En outre, le « paradoxe européen »[3] nous apprend que le modèle linéaire fonctionne mal en Europe : l'excellence scientifique y déboucherait très insuffisamment sur des applications socio-économiquement utiles. Il faut réagir en installant l'*innovation* au cœur du processus de Recherche&Développement (ou RDT),

1. Dont le Rapport européen donne une vue très sommaire et tendancieuse : le Rapport de V. Bush imposerait une recherche fondamentale quasi intégralement placée au service de la puissance militaire (je renvoie au texte français : p. 17).

2. Page 37. Le livre ambitionne d'introduire « une rupture de même niveau que l'invention du programme-cadre » : c'est le titre de l'Introduction à la Première partie (p. 14). Cette « invention » remonte à 1984. Le sous-titre de l'ouvrage reflète lui aussi cette ambition : « Une vision européenne de recherche et d'innovation pour le XXIe siècle ». L'ouvrage s'inscrit dans la foulée de l'évaluation critique des Programmes Cadres antérieurs, en particulier du Rapport d'Étienne Davignon, *Évaluation quinquennale des programmes-cadres de RDT de la Communauté européenne*, Luxembourg, Office des Publications Officielles des C.E., 1997 (p. 14, 34). Les conclusions répètent cette ambition révolutionnaire ou, en tous cas, de « tournant stratégique », amorcée dès 1995 (p. 202).

3. Voir p. 20 *sq*. Thème récurrent du livre (p. 44, 57 ; la section : « Le paradoxe européen », p. 124 *sq*.).

et parler désormais davantage de Recherche&Inno-
vation (R&I)[1].

Qu'est-ce que l'innovation? De l'aveu même des
auteurs, le sens du terme est variable[2]. Que l'«innovation» désigne un changement moins profond
qu'une découverte ou une invention[3] ne paraît pas
essentiel. La notion d'innovation tend à relativiser le
rôle des sciences «dures» et des technologies matérielles dans les processus de changement[4]. Une innovation n'est pas nécessairement technique et matérielle: elle peut n'être que sociale (institutionnelle,
organisationnelle, juridique …). Et lorsqu'elle est
technique et matérielle, elle comprend d'autres
aspects, également voire plus importants: des aspects
sociaux, économiques (financiers, commerciaux, de
rentabilité, d'accessibilité, etc.), axiologiques (enjeux

---

1. Dans le sillage d'une étude antérieure: *Livre vert sur
l'innovation*, Luxembourg, Office des publications officielles des
C.E., 1995. Le premier objectif à poursuivre selon ce Livre est:
« Mieux orienter la recherche vers l'innovation ». À cette fin, il faut
« augmenter les capacités d'anticipation des évolutions techniques,
des marchés et des concurrents », évaluer les projets de recherche « en
fonction, en particulier, de leur pertinence pour l'innovation » et
« faciliter l'acceptation sociale des technologies nouvelles et du
changement » (p. 6). L'essentiel étant d'assurer la survie et la compé-
titivité des entreprises européennes grâce à une pratique constante de
l'innovation.

2. Voir p. 20 *sq.*

3. Voir l'exemple, certes caricatural mais frappant, de la bougie
et de l'ampoule électrique: d'innombrables perfectionnements
innovateurs de la bougie ne déboucheront jamais sur l'invention de
l'ampoule électrique (cf. H. Cherrucresco, *De la recherche
française…*, Paris, Gallimard, 2004, p. 67).

4. C'est le thème de «l'hybridation entre sciences "dures" et
"sociales" » (p. 155 *sq.*).

moraux, écologiques, de qualité de vie, etc.)[1]. Or ces aspects « de société » devraient être pris en compte tout au long du processus de recherche, depuis la conception du projet de recherche à la diffusion des produits dans la société[2]. Semblable accompagnement de la recherche comporte une part essentielle d'anticipation et d'orientation délibérée qui associe toutes sortes d'acteurs (experts divers, mais aussi citoyens-consommateurs-utilisateurs) à « la construction de la demande sociale dans le processus de recherche »[3]. Le modèle Recherche&Innovation s'efforce de juguler l'imprévisibilité de la Recherche&Développement et assimile l'autonomie de la recherche à une « idéologie spontanée des chercheurs »[4].

Le modèle Recherche&Innovation « favorise la recherche pour résoudre des problèmes de société et d'entreprise » : « *l'impératif sociétal étant le nouvel horizon de la recherche* (GH souligne) » ; il promeut une science et une technologie « mobilisées (en anglais : *harnessed* : harnachées) autour de problèmes

1. « On définit l'innovation comme un changement technologique, organisationnel ou institutionnel, par exemple, ou encore, on couvre l'ensemble de ces transformations » (p. 172).

2. « La Recherche&Innovation (…) comprend des travaux fondamentaux, l'expérimentation d'options technologiques diverses, l'exploration des dimensions organisationnelles et socio-économiques qui y sont liées, l'évaluation des approches réglementaires et institutionnelles qui lui permettent de mieux déployer ses potentialités » (p. 137).

3. Page 155. Voir aussi p. 131.

4. Page 157. J'ai trouvé une seule occurrence de l'expression « recherche libre » (p. 194) dans l'ensemble de l'ouvrage qui compte plus de deux cents pages.

économiques et sociaux majeurs »[1]. La connaissance doit *servir*; la distinction entre le vrai et l'utile est «réductrice (*simplistic*)» comme l'auraient montré « de nombreux travaux de sociologie des sciences »[2]. L'« obligation de résultats » à imposer aux chercheurs constitue un thème récurrent[3].

Quelle est plus précisément la « philosophie » sous-jacente au modèle Recherche&Innovation?

Le Rapport européen fournit des indications et des références de son inspiration socio-constructiviste. Une section intitulée « La construction sociale des technologies et actions publiques "socio-techniques" »[4] mentionne quelques noms importants de ce courant de la sociologie des sciences et des techniques[5]. *La société, ultime frontière* adopte un socio-constructivisme modéré[6], mais qui s'exprime

1. Voir respectivement, p. 130, 10 et 9.
2. Voir page 151.
3. Le financement public doit aboutir à «des performances visibles et tangibles (…) perceptibles au grand public »; il faut une «évaluation *ex ante* et *ex post* des résultats (…) une politique d'accompagnement des résultats de Recherche&Développement, visant leur valorisation économique » (p. 138; cf. aussi p. 131 et 167 où « l'obligation de résultat(s) » est expressément mentionnée).
4. La version anglaise est, cette fois, moins directe, elle utilise l'expression « social shaping », moins connotée que « social construction » (p. 151).
5. Actif, notamment, au Centre de sociologie de l'innovation (École des Mines de Paris), mais aussi avec des variantes inégalement radicales en Angleterre et aux États-Unis. Parmi ces noms: M. Callon, B. Latour, P. Laredo, M. Akrich, D. Vinck …; évocation du projet Aramis raconté par Latour, etc. (cf. p. 151; 25 *sq.*).
6. Les variantes du socio-constructivisme accentuent inégalement des thèses de symétrie ou d'équivalence telles que: a) les explications sociales, psychologiques, culturelles, etc, rendent compte des succès des sciences et des techniques autant que des

néanmoins nettement jusque dans le vocabulaire
utilisé[1]. L'ennemi désigné est le « modèle linéaire »
du progrès technoscientifique et social[2]. À travers
celui-ci, ce sont les concepts et les valeurs modernes
qui sont disqualifiés, telles que l'universalité de la
vérité scientifique, l'autonomie des sciences et de la
communauté scientifique, le rôle décisif des faits et de
la cohérence logique dans la résolution des controverses scientifiques, la valeur supérieure et désintéressée de la connaissance, l'irréductibilité de l'objectivité scientifique et de l'efficacité technique à des
croyances culturelles et des solidarités sociales, la
méthode rationnelle de mise entre parenthèses des
subjectivités individuelles, etc.[3]. Cette critique ou

échecs; b) il n'y a pas de différence fondamentale entre les sciences
« dures » et les sciences « humaines »; c) il n'y a pas de différence
fondamentale entre les acteurs « humains » et « non-humains » des
processus sociaux.

Selon le « programme fort » (David Bloor, École d'Edimbourg)
des années 1970, la science est « la résultante de déterminations et
conditionnements sociaux et existentiels. Et dès les années 80, "le
programme dur" a tenté de réduire la science à une croyance sociale
quelconque, à l'idéologie d'une illusion, celle de la Modernité. (…)
Les discussions scientifiques sont des négociations, les écrits des
savants des moyens pour se procurer le consensus de collègues, puis
obtenir des gratifications et des récompenses honorifiques et financières ». Par cette critique, G. Busino vise l'École d'Edimbourg
autant que celle de Paris. Il estime qu'il est tout à fait excessif d'abandonner l'approche classique moderne de la sociologie mertonienne
(voir les Actes du colloque : « Sciences et techniques dans la société »,
Revue européenne des sciences sociales, n°108, 1997, p. 11).

1. Fréquence de « construction, interaction, hybridation, techno-
social, processus, réseau, etc. ».

2. Voir page 139.

3. « (…) elles (les théories constructivistes) mettent l'accent sur
le caractère historique et culturel des activités scientifiques et techni-

« déconstruction » de la modernité entraîne que le socio-constructivisme est fréquemment étiqueté « postmoderne »[1].

Le caractère décidé et intéressé de la construction des sciences et des techniques en ferait, suivant certains socio-constructivistes, une activité foncièrement politique : les conflits technoscientifiques ne seraient pas tranchés – en dépit des apparences – par les faits, mais par les forces dominantes qui construisent et imposent les faits (d'où l'importance déterminante de la rhétorique, des médias, des stratégies, des alliances, des moyens – notamment

ques marquées par leurs conditions sociales de fonctionnement (…), par leurs modèles épistémologiques explicites ou implicites, par leur recours à l'instrumentation et aux équipements lourds. Au cœur de ces activités qui se présentent la plupart du temps comme les dépositaires du penchant rationnel de l'esprit humain, elles postulent la conflictualité, l'hétérogénéité, l'hybridation » (p. 151-152).

1. Ainsi que le montre l'ouvrage (parmi d'autres) de Sandra Harding *Is Science Multicultural?* (Indiana University Press, 1998), la stratégie comporte : 1) étayer la thèse du caractère partial (androcentrisme, ethnocentrisme occidental) de ce que l'on appelle « science » et jeter le soupçon sur sa prétention à l'objectivité, la neutralité axiologique, l'unité et l'universalité ; cette relativisation de la science occidentale tend à la mettre sur le même plan que les savoirs non scientifiques, les « ethnosciences » ; 2) justifier cette approche critique de la « science » par la sociologie, l'ethnologie, l'anthropologie, etc., au nom d'un gain d'objectivité, puisque ces sciences humaines débusqueraient les failles dans l'objectivité scientifique ; les sciences humaines déconstruiraient afin de reconstruire plus solidement. Un oubli dans cette belle logique : l'absence de soupçon d'idéologie porté par ces « social and cultural studies of science » sur elles-mêmes. L'approche socio-culturelle et historiciste des sciences peut nous apprendre beaucoup, à condition de faire preuve de modestie et de prudence, et d'appliquer plus rigoureusement la méthodologie scientifique classique au lieu de la déconstruire. Ce que ne font pas les courants postmodernistes.

financiers – mobilisés). La technophilie[1] du socio-
constructivisme, avec son insistance sur l'innovation
technologique, s'explique en partie par le fait que le
caractère socialement décidé et construit paraît plus
évident à propos d'une technologie qu'à propos d'une
théorie scientifique. D'où une certaine inclination
aussi pour l'usage du terme « technoscience ».

L'approche socio-constructiviste ne se contente
pas de mettre en évidence l'importance des contextes
historiques et culturels pour le développement des
sciences et des techniques, à la manières de facteurs
extérieurs contribuant à les orienter. Une telle
conception est encore moderne et sépare trop
les sciences humaines refoulées dans l'étude des
contextes et les sciences dures, noyau de la recherche.
Il s'agit, au contraire, de révéler ou d'introduire les
dimensions psycho-socio-politiques et les intérêts
particuliers, au cœur même de toute activité scientifico-technique. Et de justifier ainsi la présence
active des sciences humaines (sociologie, économie,
politologie) d'un bout à l'autre des processus de
recherche dans toutes les disciplines, sous prétexte de
les informer et de les éclairer sur elles-mêmes. C'est
le thème de la réflexivité et du décloisonnement[2].

> Le caractère « épistémologiquement faible » et
> « conflictuel » des sciences économiques et sociales
> est souvent évoqué par les chercheurs « nobles » pour
> expliquer la réticence de ceux-ci à une collaboration
> étroite avec leurs collègues de la « seconde culture ».

---

1. L'ouvrage la partage clairement (cf. p. 82, 88-89).
2. Voir p. 137, 157.

Or, plus on avance dans la connaissance des processus du développement social des sciences « dures » (controverses, logiques d'intérêt diverses, batailles médiatiques, etc.), plus cette frontière entre sciences exactes et sciences de l'imprécis devient problématique. L'hybridation sciences dures / sciences sociales peut être facilitée par la structuration des actions de recherche autour d'un problème socio-économique à résoudre (c'est-à-dire une demande d'innovation, GH)[1].

L'enchevêtrement constaté s'en trouvera évidemment renforcé et confirmé : le socio-constructivisme post-moderne valorise les mélanges, les métissages, l'hybridation généralisée.

Le lecteur informé des philosophies contemporaines des sciences et des techniques est d'emblée frappé par le caractère engagé du Rapport européen qui a, sinon déterminé, en tous cas influencé la philosophie politique des sciences européennes depuis le Cinquième Programme Cadre. Il reste perplexe face à l'impact, sur cet ouvrage, d'un sociologisme (plus encore qu'un économisme) d'un type nouveau : le socio-constructivisme, qui ne représente qu'une

---

1. Page 156. N'y a-t-il pas ici comme un tour de passe-passe entre l'analyse descriptive et la recommandation normative : si on décide de concentrer toujours plus la recherche sur des problèmes socio-économiques et d'entreprise, on observera toujours plus d'aspects et d'intérêts sociaux, économiques et politiques à l'œuvre dans la recherche et l'on se sentira de plus en plus justifié à associer, dès la définition même des projets de recherche, des experts des sciences sociales ainsi que des citoyens-consommateurs-utilisateurs potentiels.

tendance limitée et controversée de la sociologie et de la philosophie des sciences et des techniques contemporaines. Ce courant s'oppose, par exemple, à la sociologie classique des sciences de Robert Merton[1], fidèle aux valeurs modernes. Le Rapport européen prend ainsi implicitement parti dans ce que l'on appelle quelquefois la « guerre des sciences »[2].

La tentation sociologiste[3] s'exprime encore dans l'étrange lapsus de la version française du titre : *La société, ultime frontière*, dont le sens est à peu près le contraire de *Society, the endless frontier*[4]. Si le titre anglais peut encore évoquer une évolution sociale indéfinie en co-partenariat avec la recherche techno-scientifique libre, ouverte et imprévisible, l'expression française suggère une clôture, une société, solidaire peut-être, mais aussi totalisée avec « des

1. *The Sociology of Science*, Chicago, Chicago University Press, 1973. Merton distingue quatre règles de base de l'éthique scientifique : universalisme, communisme (partage des informations), scepticisme organisé, désintéressement. Cela ne l'empêche pas de reconnaître les manquements à cette éthique dus au contexte professionnel, psychologique, économique, social et politique. Mais si ce contexte contrarie le respect de ces règles, il ne frappe pas leur normativité d'obsolescence.

2. Et l'on est en droit de se demander dans quelle mesure cette orientation a été clairement entendue par tous les destinataires, politiques et scientifiques, du Rapport.

3. Sociologisme à la fois microscopique (il pénètre toute activité de recherche) et macroscopique : *La société, ultime frontière* tente une approche systémique et holiste de la complexité, tout en reconnaissant « une certaine confusion (ou diversité) » et l'absence encore de « théorisation formelle » (p. 174).

4. Encore plus étrangement, le chapitre 4 reprend le titre anglais « Society, the endless frontier » avec une précision entre parenthèses (« L'innovation en société ») (p. 142).

objectifs d'intérêt commun, largement partagés»
définis par la sociologie et l'économie politique et
écologique[1].

LE SUJET PLURIEL ET CONFLICTUEL
DE LA RECHERCHE&DÉVELOPPEMENT
TECHNOSCIENTIFIQUE

En 2003, dans *La revolución tecnocientifica*[2], le
philosophe espagnol Javier Echeverria dénonce lui
aussi le modèle linéaire du Rapport Bush tout en y
lisant l'annonce de ce qu'il appelle, après d'autres, la
« technoscience »[3], qui s'imposerait, peu à peu, entre

1. Page 142. Les grandes finalités à poursuivre sont : la croissance
de l'emploi dans le contexte de la mondialisation, le développement
socialement et écologiquement durable, la qualité de vie, la santé et la
solidarité (cf. p. 8, 37, 190 *sq.*) : « aider à mieux vivre, ensemble, sur la
terre » (p. 203). Il serait difficile de ne pas être d'accord avec ces
grandes finalités, bien que l'on puisse se demander si tout le monde (et
spécialement les chercheurs) est prêt à les recevoir comme les
finalités exclusives ou même dominantes de la recherche. On pourrait
y lire plus prudemment des conditions ou des contraintes à prendre en
considération par la recherche sans pour cela prétendre l'y asservir
intégralement.

2. Madrid, Fondo de Cultura Economica, 2003.

3. La distinction entre « science » et « technoscience » n'est pas
assimilable à la distinction entre « science fondamentale » et « science
appliquée ». La Recherche&Développement est technoscientifique
de part en part. La confusion vient de la double assimilation réductrice
de l'activité technique à de la science appliquée et de la science à
une activité théorique et discursive. Voir à ce sujet notre ouvrage,
Philosophies des sciences, philosophies des techniques, « Collège
de France », Paris, Odile Jacob, 2004. Un exemple parmi les plus
frappants de Recherche&Développement technoscientifique est
la simulation numérique « outil privilégié d'investigation dans les

les années soixante et quatre-vingt-dix. Cette évolution privatise la Recherche&Développement et son mode de financement[1], et déroule toutes les conséquences de la nature opératoire et productrice de la science, conduisant à l'instrumentalisation de sa finalité cognitive et des valeurs modernes qui s'y associaient (vérité, universalité, désintéressement, etc.)[2].

La focalisation sur les produits et artefacts[3] entraîne aussi que la science apparaît de plus en plus comme l'affaire de tout le monde : de chaque citoyen dans une démocratie, de chaque consommateur et usager sur le marché.

Actions et produits technoscientifiques sont le résultat de la collaboration – inégale et très diverse – d'une foule d'acteurs : chercheurs de nombreuses disciplines, techniciens et entrepreneurs, bailleurs de fonds et actionnaires, juristes et économistes, commerciaux et publicistes, etc. Le *sujet*, – acteur,

---

sciences et les technologies » qui permet « d'étudier des systèmes complexes et *d'observer des phénomènes ou des situations inaccessibles ou difficilement accessibles à l'expérience* (GH souligne) » (P.-L. Lions, in *La Lettre du Collège de France*, n°8, juillet 2003, p. 6). Cette forme de recherche associe les deux aspects opératoires de la technoscience : l'opérativité mathématique et l'opérativité technique, pour créer et étudier des phénomènes.

1. La cotation en bourse et la création du NASDAQ, l'importance de la brevetabilité pour les entreprises de Recherche&Développement expriment cette évolution.

2. Un autre élément capital selon Echeverria est l'informatisation. La technoscience n'existerait pas sans les TIC (technologies de l'information et de la communication).

3. Echeverria souligne l'importance de l'innovation et le passage de la Recherche&Développement à la Recherche et Développement et Innovation (RDI).

moteur et, même, concepteur – de la Recherche&
Développement est devenu irréductiblement *pluriel*.
Il est très différent du sujet (cartésien ou kantien) de la
science moderne, supposé rationnel, universel et
animé par une intention fondamentalement cognitive.
Ce sujet-là était encore perçu comme relayant le sujet
du savoir théorique (contemplatif) et discursif de la
philosophie[1].

Le sujet de la technoscience – ou, comme dit
encore Echeverria : de la Recherche et Développement et Innovation – n'est axiologiquement ni neutre
ni univoque : *pluriel*, il est aussi *conflictuel*. Le financement de la recherche, lorsqu'il est privé impose de
tenir compte d'une axiologie capitaliste, avec le profit
comme valeur et le marché comme norme (le citoyen
achète ou non) ; lorsque le financement est public, il
introduit une axiologie inspirée par le « bien public »,
mais aussi dictée par la perception du public, les
pressions des lobbies et les stratégies des partis[2].
Selon le contexte et le moment, dominent, dans le
processus de la Recherche et Développement et
Innovation, les phases subjectives, intersubjectives et

1. La philosophie des sciences et des techniques doit en tirer les
conséquences en abandonnant sa focalisation exclusive sur les
questions épistémologiques et ontologiques du fondement (théorique) et de la méthode, au profit des questions praxéologiques et
axiologiques de justification. C'est l'un des thèmes de notre ouvrage
(2004), *op. cit.*

2. Il y a aussi, très importante, la recherche militaire avec ses
finalités propres. Mais le conflit est également installé au sein des
grands champs disciplinaires, telle la biomédecine par exemple
(cf. F. Olivennes, « Messieurs les généticiens, cessez de diaboliser la
procréation assistée », in *Le Monde* du 2 septembre 2004).

objectives; et elles ne sont pas toujours aisées à démêler[1].

Au sein de cette subjectivité plurielle, la communauté scientifique avec ses valeurs traditionnelles (rigueur, objectivité, probité, indépendance, véracité, publicité, etc. ...[2]) demeure axiale. Si cette communauté se laissait contaminer exagérément et dans la confusion par des valeurs, des croyances ou des intérêts étrangers ou hostiles à la science, tout le système risquerait de s'effondrer[3]. Mais il est aisé de comprendre le malaise d'une large fraction de la

---

1. *Op. cit.*, p. 225.

2. Dans un ouvrage clair et équilibré, *The Ethics of Science* (Routledge, 1998), D.B. Resnik énumère et analyse les qualités et principes qu'un scientifique doit respecter, tout en reconnaissant les problèmes liés aux pressions des contextes (concurrentiels, militaires, ...) dans lesquels le métier de scientifique s'exerce aujourd'hui : *honesty, carefulness, openness, freedom, credit, opportunity* (pas de discrimination), *mutual respect, social responsibility...* En ce qui concerne cette dernière, Resnik reconnaît les limites de la prévision des conséquences, mais souligne qu'en même temps le scientifique reste le plus compétent dans l'exercice spéculatif de l'anticipation des conséquences possibles, bonnes ou mauvaises, de son travail ; il doit être capable de distinguer ses avis en tant qu'expert responsable et en tant que citoyen concerné. Les scientifiques sont les plus compétents pour juger de la fécondité d'une recherche : ni les politiques ni le public ne peuvent directement en juger.

3. Que penser de la démarche suivante rapportée dans *RDT info. Magazine de la recherche européenne*, Commission européenne, n° spécial, septembre 2002 : un scientifique choisit de faire paraître dans le *Sunday New York Times* pour quelque 100.000 dollars un article scientifique étayant l'hypothèse de « la nature liquide du Soleil » ? L'accès libre et équitable à l'information scientifique obtenue à l'aide de fonds publics ou privés est devenu une question très conflictuelle à propos des brevets, des monopoles de quelques journaux scientifiques et du développement de l'internet (cf. « Access all areas », *The Economist*, 7 août 2004 ; p. 64 *sq.*).

communauté scientifique. Elle fait désormais partie d'un sujet-système-processus complexe qu'elle ne contrôle pas ni ne finalise, au sein duquel, ses valeurs propres ainsi que son travail sont instrumentalisés au profit de valeurs et d'intérêts étrangers, dans lesquels le chercheur ne se retrouve pas ou fort peu. Cette situation correspond à la définition même de l'*aliénation*. Elle est vécue de manière inégale : certains chercheurs réussissant même une sorte de conversion qui en fait des chefs d'entreprise, des gestionnaires ou des actionnaires de la Recherche et Développement et Innovation. Le système étant plein d'interactions et de boucles de rétroaction, il n'interdit pas une instrumentalisation à rebours des bailleurs de fonds privés et publics grâce à la présentation séduisante d'un projet par des chercheurs désireux avant tout de faire avancer la connaissance[1]. C'est de bonne guerre, aussi longtemps, du moins, que ces stratégies ne diminuent pas la qualité intrinsèque du travail de recherche et des résultats obtenus. Cela peut même contribuer à rendre ce travail plus conscient et soucieux de la complexité du monde où il s'accomplit. Mieux vaudrait cependant que ce souci et cette conscience ne se développent pas exclusivement à l'occasion de stratégies, et donc à l'ombre de la force et de la ruse.

---

1. Les chercheurs comprennent vite comment remplir les formulaires et satisfaire les valeurs, intérêts et fantasmes des autres membres du sujet pluriel de la technoscience. Que n'ont-ils pas promis, au cours des dernières décennies, dans le domaine des biotechnologies et de la biomédecine, par exemple.

Les problèmes de choix ne procèdent pas seulement de la pluralité culturelle et axiologique du sujet de la Recherche et Développement et Innovation. Leur source est aussi l'abondance des possibles technoscientifiques : tant de pistes intéressantes de recherche, tant de développements inventifs ou innovants sont envisageables ; mais la plupart supposent des investissements financiers et humains qui dépassent les moyens disponibles[1]. L'explosion du possible technoscientifique est une autre conséquence du succès des sciences et des techniques modernes.

Comme le sujet de la Recherche et Développement et Innovation se caractérise par l'absence de critères communs, la nécessité de choisir est inévitablement conflictuelle. Echeverria souligne la nature structurellement conflictuelle du sujet de la technoscience[2].

Si le Projet Manhattan constituait le paradigme de la *Big Science*, Echeverria attribue au Projet Génome Humain un rôle similaire pour la technoscience dans les années quatre-vingt-dix. On y trouve en effet : financement public et privé ; finalités cognitives

---

1. Que l'on songe seulement à la conquête spatiale, à la robotique et à l'Intelligence Artificielle, aux grands accélérateurs ou à la fusion nucléaire, mais aussi à la chimie douce ou aux nanotechnosciences, et bien sûr aux sciences humaines et à la nécessité de découvrir et de préserver les immenses richesses culturelles (et pas seulement naturelles) dont nous avons hérité.

2. Ces conflits ne se réduisent pas toujours à des controverses et des débats : il s'agit d'oppositions et d'incompatibilités de formes de vie, d'intérêts très concrets et de projets de société qui peuvent devenir physiquement violents (*op. cit.*, p. 176).

largement instrumentalisées par des enjeux économiques, politiques, juridiques (brevets); sujet pluriel, complexe et conflictuel au plan des valeurs et des intérêts; informatisation. J'ajouterais cependant que ce Projet conserve aussi des aspects majeurs du paradigme antérieur : recherche fondamentale et grande ambition d'exploration et de conquête de « nouvelles frontières ».

Echeverria rappelle qu'au départ du Projet Génome Humain, son premier directeur James Watson, décida de consacrer 5% du budget à l'étude des implications éthiques, juridiques et sociales du Projet[1].

LES COMITÉS D'ÉTHIQUE
UNE CONSCIENCE MORALE PLURIELLE
POUR LA RECHERCHE&DÉVELOPPEMENT
TECHNOSCIENTIFIQUE

Dans le Rapport européen, la maîtrise sociale de la Recherche&Développement par les moyens politiques démocratiques classiques (parlement, ministère) est jugée insatisfaisante, car elle imposerait d'en haut les choix et les objectifs, sans véritable « décloisonnement du processus de la recherche »[2]. Elle appuie en outre une politique publique d'éducation et

---

1. C'est le sous-programme ELSI (Ethical, Legal, Social Implications) (*op. cit.*, p. 139).
2. C'est pourquoi elle refléterait encore « la prégnance du modèle linéaire » (p. 157).

de diffusion de la culture scientifico-technique qui relèverait aussi du modèle linéaire. C'est alors que les auteurs évoquent le récent «développement de "quasi-institutions" de débat et de concertation tels que les Comités d'Éthique (…) pour aller plus loin, et, en particulier pour dépasser la combinatoire des "groupes de pression" (…)»[1].

Ni le Rapport européen ni Echeverria[2] n'approfondissent cette question qui, à mon sens, permet de formuler une hypothèse intéressante.

Un des aspects les plus discutables de la postmodernité est qu'elle conduit à ne plus considérer les questions que sous l'angle esthétique des préférences de goût ou sous celui des rapports de forces.

Or, d'une certaine façon, le sujet pluriel et conflictuel de la technoscience est largement *inconscient*. «Inconscient» signifie que chaque membre de ce sujet ne veut avoir conscience que de ses désirs et intérêts propres qu'il s'efforce d'imposer à l'exclusion des autres. L'hypothèse est que ce sujet cherche à se donner une conscience plus large, une *conscience morale*[3]. Mais à sujet pluriel, *conscience plurielle*. Je fais l'hypothèse que ce besoin profond d'une conscience plurielle s'est cherché – notamment : il n'y a ici ni monopole ni panacée – à travers la multiplication de comités d'éthique (spécialement, de bioéthique) au cours de ces dernières décennies. À

1. Voir p. 158.
2. Dont l'ouvrage s'achève toutefois pas un chapitre systématique sur «l'axiologie de la technoscience».
3. Qui, bien entendu, court toujours le risque de n'être qu'une «bonne conscience».

l'appui de cette hypothèse, je souligne deux aspects de ce développement. a) Les comités d'éthique ont été progressivement institués à tous les échelons de complexité et d'extension : comités locaux, nationaux, plus ou moins internationaux (Union Européenne, Conseil de l'Europe), mondial (Unesco). L'Europe a joué ici un rôle déterminant. b) Ces comités sont ou en tous cas devraient être à la fois authentiquement pluridisciplinaires et pluralistes, et inclure des représentants des associations d'intérêts qui composent la société.

L'interdisciplinarité pluraliste inclut les sciences humaines appelées à informer le sujet pluriel de la technoscience sur lui-même ; elle inclut les « humanités » telles la philosophie, la théologie et le droit, invitant le sujet pluriel à s'exprimer et à discuter à propos de valeurs et de normes, y compris des finalités spéculatives, et à formuler un avis. L'avis rendu pourra n'être que partiellement consensuel. Le consensus étant une préférence éthique, pas une obligation. Les divergences, éventuellement irréductibles, doivent pouvoir s'exprimer en explicitant leurs présupposés, les croyances, les soucis, les valeurs et les raisons qui les sous-tendent. Semblable explicitation constitue un progrès important par rapport au conflit aveugle de forces et de désirs dépourvus de conscience autre que la volonté, violente ou rusée, de vaincre et percevant autrui comme un moyen ou un obstacle. Le comité d'éthique en tant que conscience est l'instance où le sujet pluriel de la technoscience discute au lieu de se déchirer. L'instance aussi où il peut acquérir une « transculture » scientifico-technique et une « métaculture » du multiculturalisme, sensibilisant aux autres et à la diversité. Il y aurait beaucoup à dire sur la méthodologie appropriée aux comités d'éthique [1]. J'ai déjà mentionné les exigences de la composition pluridisciplinaire et pluraliste ainsi que de la préférence non contraignante pour le consensus. Il y a aussi, essentiel, le principe de la distinction des genres : la science, la morale et l'éthique, le droit, la politique. Conscience et conscientisation sont à comprendre comme des processus accompagnateurs, évolutifs, susceptibles d'infléchir prudemment les dynamiques technoscientifiques et d'aider à l'assimilation progressive de celles-ci par les mentalités, les morales, le droit. Ce serait un contresens d'y chercher le retour d'une quelconque conscience substantielle et monologique ou d'un point de vue de surplomb dictant des normes transcendantes et immuables.

1. Je me contente de mentionner : *Nouvelle Encyclopédie de Bioéthique*, Bruxelles, De Boeck, 2001, et mon petit livre *Qu'est-ce que la bioéthique ?*, Paris, Vrin, 2004. Les comités d'éthique constituent le « comble » de l'interdisciplinarité ; ils rencontrent décuplés tous les problèmes difficiles que l'interdisciplinarité soulève déjà à un échelon de multiplicité disciplinaire moindre et plus homogène (cf. « Évaluer les pratiques interdisciplinaires », *La Lettre du Collège de France*, n°11, juin 2004, p. 26). En même temps leur visée est singulière. Mon expérience (sept années dans le GEE et plus de huit années dans le Comité Consultatif de Bioéthique de Belgique) est que ces difficultés ne sont pas insurmontables.

LE GROUPE EUROPÉEN POUR L'ÉTHIQUE ET L'ÉVALUATION ÉTHIQUE DE LA RECHERCHE&DÉVELOPPEMENT TECHNOSCIENTIFIQUE EUROPÉENNE

Le Rapport européen (*La société, ultime frontière*) ne consacre que quelques lignes aux comités d'éthique et ne mentionne pas le Groupe Européen d'Éthique des Sciences et des Nouvelles Technologies auprès de la Commission Européenne (GEE) qui a pourtant rendu, la même année (1997), un Rapport et un Avis sur le Cinquième Programme Cadre, plus particulièrement sur son Article 6[1] qui

---

1. «Toutes les activités de recherche menées au titre du 5PC doivent être réalisées dans le respect des principes éthiques fondamentaux». L'exigence est reprise par l'Article 3 du 6PC (2003-2006). Celui-ci ne fait plus de la bioéthique en tant que telle un thème de recherche séparé; elle est englobée dans la thématique «Science et Société» qui concerne aussi bien les problèmes éthiques soulevés par les nanotechnologies, les technologies convergentes (nano-bio-info-cogno), les TIC, les neurosciences … Le 6PC poursuit le développement de l'évaluation éthique des projets de recherche. «Toutes les propositions de recherche soumises à la Commission européenne en vue de l'obtention d'un financement doivent comporter une section décrivant les questions d'éthique soulevées par le projet en ce qui concerne sa méthodologie, ses objectifs et les implications possibles des résultats, ainsi que la façon dont elles seront traitées. Dans un premier temps, les propositions font l'objet d'une évaluation scientifique par un comité de projet. (…) Si certaines propositions soulèvent des questions éthiques sensibles, elles sont alors évaluées par le comité d'examen éthique (…)». Celui-ci est défini d'une manière pluridisciplinaire et relativement pluraliste: «Le comité d'examen éthique est composé d'experts indépendants de différentes disciplines comme le droit, la sociologie, la philosophie et l'éthique, la médecine, la biologie moléculaire et la science vétérinaire. Sa composition respecte une parité entre membres

impose une évaluation éthique des projets de recherche soumis pour subvention.

Rapport et Avis du Groupe Européen d'Éthique expriment nettement le souci de défendre la liberté de la recherche en précisant les limites d'une évaluation éthique des projets. L'évaluation est tout à fait justi-fiée en ce qui concerne le processus expérimental, tel qu'il est décrit dans le projet : c'est l'évaluation de la

scientifiques et non scientifiques. La représentation hommes-femmes ainsi que la provenance géographique des membres du comité sont également équilibrées. Des représentants de la société civile peuvent être invités, par exemple en tant que membres d'associations de patients ou d'organisations de protection des animaux » (http ://europa.eu.int/comm/research/science-society/ethics/review). En ce qui concerne la recherche fondamentale dans le 6PC, nous partageons l'avis du Professeur Étienne-Émile Beaulieu : « Today a disproportionate share of the 6th Framework Programme is devoted to industrial development, *i.e.* to applying already existing knowledge to particular production needs. (…) Against this background it is mandatory to improve the conditions for *basic research*. As becomes more and more obvious, advanced industrial development is gravitating towards scientific centres which are operating at the frontiers of science. (…) A relative *shift from D. to R.*, that is to basic research, is a must for EU scientific policy » (*Cours et travaux du Collège de France 2002-2003*, Annuaire, 103e année, 2003, p. 1043-1044). Il n'est pas exclu que le 7PC (2007-2010) accorde plus d'importance à la recherche fondamentale, en liaison avec les objectifs de Lisbonne (tous les membres de l'Union devraient consacrer au moins 3% de leur PIB à la recherche ; mais 2% devraient être fournis par les entre-prises privées), puisque « la tradition que la recherche fondamentale soit une affaire nationale (…) est un cloisonnement maintenant dommageable ». Dans le même article est évoquée la création d'un Conseil européen de la Recherche, sur le modèle de la National Science Foundation américaine (*RDT info. Magazine de la recherche européenne*, mai 2004, p. 18 *sq.*). Plus récents : Document COM (2005) 118 final (6-4-2005) et Document COM (2005) 119 final (6-4-2005) qui explicitent le contexte politique, les objectifs, les grands axes et thèmes du 7PC.

méthodologie, dans la mesure, par exemple, où elle implique des personnes, des animaux, l'environnement … L'évaluation éthique de l'objectif explicite de la recherche (par exemple, faciliter le diagnostic d'une maladie rare ou conférer une résistance génique à une espèce végétale) est également légitime. Est jugée, par contre, infiniment plus problématique et potentiellement abusive, l'évaluation prospective globale – à moyen et long termes – des conséquences et usages possibles des résultats ou produits et dérivés de la recherche. Semblable entreprise se heurte à l'imprévisible, car usages et conséquences dépendront aussi de l'évolution globale et complexe de la société et du monde en général [1].

La perspective d'une évaluation éthique au plan européen confronte encore au problème de la diversité des morales (traditions, communautés, religions …) et de la diversité des éthiques ou théories morales conçues par les philosophes et les théo-

---

1. Rappeler que les résultats d'une recherche doivent être placés au service du progrès humain (justice économique et sociale, libertés et responsabilités individuelles, santé pour tous, etc. …, et ne pas appauvrir ou nuire à l'environnement naturel, ni dilapider les ressources du présent au détriment de l'avenir, etc. …) est possible mais guère éclairant. Car s'il en ira ainsi ou non dépend d'une foule de facteurs qui sont indépendants de la recherche particulière considérée. Comme les conséquences, usages, bénéfices et risques sont liés à une série de conditions sociales, économiques, politiques, financières (etc.), ainsi qu'à des événements extérieurs imprévisibles, la responsabilité dont certains voudraient charger ainsi la recherche scientifique paraît bien excessive et injuste. Injustice et incohérence ne seraient levées que si on imposait les mêmes exigences éthiques à d'autres activités humaines lourdes de conséquences sociales et environnementales, tout particulièrement les entreprises (industries), les activités financières et les décisions politiques.

logiens. L'évocation par l'Article 6 des «principes éthiques fondamentaux» suggérant l'unité,
l'univocité, l'universalité et l'immuabilité doit être
interprétée avec prudence. Le Groupe Européen
d'Éthique les comprend comme des principes régu-
lateurs portés par un consensus pragmatique, dont le
modèle est la *Déclaration Universelle des Droits de
l'Homme*. Pareil consensus n'implique pas un accord
sur toutes les raisons ni sur les présuppositions qui le
justifient dans le chef de chacun[1].

CONCLUSIONS

1) Je trouve imprudente la critique sans nuance
– et plus encore la déconstruction – des concepts et
valeurs modernes concernant la recherche fondamentale[2], les qualités exigées du chercheur et la

1. Tout en soulignant les difficultés et les risques (le «contrôle
moral» de la recherche), le Groupe Européen d'Éthique soutient
cependant l'importance d'une évaluation éthique dans la mesure où
elle aide à sensibiliser les chercheurs à des questions ordinairement
très éloignées ou même carrément absentes de leurs préoccupations.
Semblable sensibilisation est un travail à long terme d'évolution des
mentalités auquel l'obligation de passer par une évaluation éthique
contribue. Il peut enrichir la dynamique de la Recherche&Déve-
loppement et non la freiner ou l'étouffer.
2. Que Jean-Claude Pecker définit simplement et clairement:
«une recherche fondamentale n'est pas pilotée par l'aval d'une
application rentable pour l'économie du pays, mais par l'amont d'une
recherche antérieure qui a posé une question nouvelle. La recherche
fondamentale peut avoir de telles applications, bien entendu. Peut-
être demain; peut-être dans trente ans, peut-être dans deux siècles.»
(*La Lettre du Collège de France*, Hors série, juin 2004). Dans la

place de la communauté scientifique dans la société. Comme le suggère le terme lui-même, la post-modernité n'est, éventuellement, viable que sur la base d'une modernité qui serait réalisée globalement et durablement[1].

2) La philosophie de *Science, the Endless Frontier* n'est pas périmée; elle demande à être nuancée et complétée, en s'inspirant avec prudence du Rapport européen, par la considération de la complexité de la Recherche&Développement et de ses rapports avec la société et la nature.

Sans nostalgie pour une recherche fondamentale indifférente à l'égard des applications et consé-quences sociales, Christian de Duve encourageait, dans une récente conférence à l'Unesco, une pratique de la recherche non finalisée et non soumise à des obligations de résultats proches, mais qui soit néanmoins constamment attentive aux possibles applications, risques ou développements utiles que son cheminement croiserait[2].

même livraison, F. Jacob, Ph. Kourilsky, J.-M. Lehn, P.L. Lions dénoncent l'absence de la recherche fondamentale des préoccu-pations de l'Union Européenne (« Du nerf! Donner un nouvel essor à la recherche française », p. 42).

1. Dans son hommage à Pierre Bourdieu, Jacques Bouveresse a rappelé les risques destructeurs associés aux tendances postmoder-nistes (*La Lettre du Collège de France*, n°8, juillet 2003, p. 39).

2. Colloque International : *L'histoire et la philosophie des sciences d'un point de vue cosmopolitique*, Paris, Unesco et Éditions du Paradoxe, mai 2004. La réaffirmation de l'importance de la recherche fondamentale, au sens de Jean-Claude Pecker, n'est pas contradictoire avec le rappel par Jean-Marie Lehn que « la recherche est une activité très coûteuse et qu'il est légitime qu'elle profite à

Ainsi que l'écrit Anne Fagot-Largeault : « le sujet qui fait la science est communautaire » et « la (les) communauté(s) scientifique(s) est (sont) indissociable(s) de la communauté humaine globale (cosmopolitique) »[1].

Mais il convient d'*analyser* les interactions et interdépendances, et non de renchérir sur la confusion universelle.

Prendre en compte l'importance de l'image de la Recherche&Développement au sein des démocraties à économie de marché ne doit pas conduire à subordonner la recherche à la perception du public, aux « idoles de la place publique », disait déjà Bacon[2]. Reconnaître les dimensions politiques de la Recherche&Développement ne revient pas à l'assimiler à une activité politique. Ce serait un contresens aussi ruineux pour les sciences et les techniques que pour le politique[3].

Un défaut majeur du modèle moderne est sa reconnaissance déficiente des sciences humaines et des humanités. Elles sont quasi absentes du Rapport

l'ensemble des citoyens qui la paient avec leurs impôts », car, comme le montrent de nombreux exemples (RMN ou laser) (cf. *ibid.*, p. 10 et 12), le retour à moyen ou long terme de la recherche fondamentale peut être infiniment plus divers et riche que les produits des recherches finalisées.

1. D. Andler, A. Fagot-Largeault et B. Saint-Sernin, *Philosophie des sciences*, t. I, Paris, Gallimard, 2001, p. 131.

2. *Novum Organum, op. cit.*, aph. 43.

3. Au sens notamment où celui-ci dépend ultimement aussi d'un pouvoir réel et donc du principe de réalité. On sait ce qu'il advint de la biologie idéologique de l'Union soviétique. Mais le problème est toujours actuel (cf. « Cheating nature ? », *The Economist*, 10 avril 2004).

Bush[1]. Mais le Rapport européen ne les réhabilitent que de manière partielle : d'une part, en privilégiant l'économie et la sociologie constructiviste et, d'autre part, en les mettant au service de l'innovation. Or, sciences humaines et humanités en général ont un rôle essentiel à jouer à la fois comme *accompagnement critique* de la Recherche&Développement[2] et comme *mémoire* à préserver et à étendre[3]. Peut-on rêver d'une plus belle alliance entre les savoirs symboliques et les pratiques technoscientifiques que l'usage par les sciences historiques, archéologiques, ethnologiques et philologiques des prodigieuses possibilités offertes, notamment, par l'informatique, la télématique, la simulation et la réalité virtuelle[4] ?

3) La science est désormais productrice-transformatrice de ses objets et de la réalité. C'est pourquoi les questions qu'elle soulève ne relèvent pas seulement de la raison théorique, mais aussi de la raison

1. Reconnaissant sa focalisation sur les sciences de la nature (y compris la médecine), le Rapport avertit toutefois que ce serait « une folie » de promouvoir ces sciences « aux dépens des sciences sociales, des humanités, et autres disciplines essentielles au bien-être national » (p. 18). Mais il n'en est guère davantage question.

2. « La République a besoin de tous ses savants » rappelle D. Roche dans *Le Monde* du 2 avril 2004 (repris dans *La Lettre du Collège*, Hors série, *op. cit.* Voir aussi dans la même livraison, le texte « La recherche » par Françoise Héritier).

3. Th. Berchem résume en une formule dense : « L'université incarne à la fois la mémoire et la curiosité de la société » (*La Lettre du Collège de France*, n°10, février 2004, p. 8).

4. Par exemple, le projet de « Musée achéménide virtuel et interactif » de P. Briant (*La Lettre du Collège de France*, n°6, octobre 2002, p. 6).

pratique et de la volonté. Les *comités d'éthique* sont des institutions nouvelles particulièrement significatives pour notre civilisation technoscientifique et multiculturelle. Savoirs scientifiques et techniques *et* savoirs symboliques peuvent y interagir sans domination. Lorsqu'ils sont suffisamment indépendants, pluridisciplinaires et pluralistes, ces comités aident à garder une distance critique à l'égard des intégrismes religieux ou idéologiques autant qu'à l'égard des pressions technocratiques et économiques. Ils rendent attentif aux faits scientifico-techniques et à la perception culturelle valorisée de ces faits qui constituent d'autres faits dont il faut aussi tenir compte. Les comités d'éthique sont des lieux originaux de prise de conscience et de réflexion, à la fois respectueux des différences et soucieux de reliance, qui devraient être encouragés. En eux peut se forger cet « universalisme pluraliste » qu'évoquait récemment Mireille Delmas-Marty[1].

4) En parcourant la littérature actuelle relative à la recherche, un thème apparaît de manière récurrente, dans le contexte des « sciences dures » autant que dans celui des « humanités »[2]. C'est la question de la *temporalité*. Le temps long, ouvert, exigé par la

---

1. « Concevoir, sans renoncer à nos différences, un universalisme pluraliste », in *Le Monde* du 19 mars 2004.
2. C'est particulièrement le cas dans le numéro Hors série (juin 2004) de la *Lettre du Collège de France* consacré à la « Situation de la recherche en France et en Europe » (notamment les articles de Cl. Cohen-Tannoudji, J.-M. Lehn, F. Héritier). Voir aussi l'article de R. Guesnerie sur « La recherche au service du développement durable » (*Lettre du Collège*, n°9, novembre 2003).

recherche est souvent contrasté avec le temps court de la politique, des média, de l'innovation et de la recherche finalisée. L'importance de ce temps long était reconnue dans *Science, the Endless Frontier*. D'une manière différente, mais qui pourrait être complémentaire, la temporalité moyennement longue est prise en compte dans le Rapport européen, à travers la notion de développement durable, en dépit de sa focalisation sur l'innovation.

Je pense que la question du temps est inséparable de l'appel à une vision ample et ambitieuse pour la recherche.

Nous ne sommes plus dans la temporalité circulaire du mythe ni tout à fait dans la temporalité finalisée de l'Histoire religieuse ou sécularisée. Nous sommes dans la temporalité immense et inanticipable que nous enseignent la biologie, la géologie, la cosmologie. C'est de cette temporalité-là – et de l'espace cosmique qui y est associé – que l'espèce humaine provient et c'est en elle qu'elle doit se perpétuer. L'exploration et l'invention technoscientifiques peuvent l'y aider de façon décisive. Mais la conscience de cette temporalité – avec ses conséquences en termes de contingence, de précarité, de liberté et de responsabilité – est encore loin d'avoir pénétré les mentalités, les morales, les politiques, y compris dans le monde développé. Sensibiliser à la temporalité longue offre des garanties contre la volonté idéologique de clôture de la société et de l'histoire, et contre les risques d'un pilotage systématique de l'exploration et l'invention de l'avenir. C'est l'assimilation culturelle de découvertes et

d'inventions imprévisibles qui pousse les sociétés à
s'ouvrir et à évoluer indéfiniment.

« La recherche scientifique, écrivait le philosophe
français Gilbert Simondon, est orientée vers des
objets ou des propriétés d'objets encore inconnus. Les
individus libres sont ceux qui effectuent la recherche,
et instituent par là une relation avec l'objet non
social »[1].

« Non social » voulant dire : dont la portée
symbolique et pratique n'est pas épuisée par la culture
de la société au sein de laquelle la découverte-
invention se produit de telle sorte qu'elle pousse cette
société à s'ouvrir et à évoluer. En ce sens, la recherche
n'est certes pas « hors société », mais elle n'est jamais
non plus totalement « dedans ».

1. *L'individuation psychique et collective*, Paris, Aubier, 1989,
p. 263.

DEUX CONFÉRENCES
SUR LA SCIENCE ET LA BIOÉTHIQUE

DE LA PHILOSOPHIE DES SCIENCES
À LA PHILOSOPHIE DES TECHNIQUES

La philologie est l'amour des langues, – des
« belles-lettres » écrit Alain Rey. Elle entretient le
souci des signes et des textes.

La philosophie peut-elle être définie de la même
manière ? Serait-il légitime de dire que la philosophie
est *philologique* ?

Posée au lendemain d'un siècle au cours duquel la
philosophie a manifesté un intérêt immense pour le
langage, cette question n'admet pas de réponse
simple.

Étymologiquement, rappelle à juste titre le même
Alain Rey dans son *Dictionnaire historique de la
langue française* [1], la philosophie est amour du *savoir*.
Tout dépend donc de ce que l'on appelle « savoir ». Si
le savoir n'est que textes qui se transmettent et
s'enrichissent au fil de la tradition, si la science se
résout dans un livre qui refléterait toujours plus
fidèlement les lois et les formes essentielles de la

---

1. Le Robert, 1992.

nature, alors, oui, la science est fondamentalement discours, représentation symbolique de la réalité.

Mais la science – moderne et contemporaine – est-elle encore cela ?

Si vous pénétrez dans le monde de ce que l'on appelle aujourd'hui la Recherche&Développement (R&D), un sigle qui désigne couramment la science contemporaine, vous n'entrez pas dans une bibliothèque peuplée de lecteurs et d'écrivains ; vous entrez dans un univers de machines, de produits et de processus physiques et techniques.

La question qui mérite, dès lors, d'être posée est : la philosophie s'est-elle avisée de cette mutation de l'entreprise occidentale de savoir qui a placé, toujours davantage depuis les Temps Modernes, la science dans la dépendance de la technique ?

Voici ce qu'écrivait, déjà en 1958[1], Pierre Ducassé, l'un des rares philosophes français qui se soient intéressés à la technique.

> En face du *technicien* pur, le philosophe est désemparé : aussi démuni de repères, de précédents et de règles que le voyageur en face d'une espèce inconnue ![2].

Ce dépaysement s'exprime par ce que Ducassé appelle « l'anti-technicisme », mélange de crainte, de refus et de mépris, qui serait consubstantiel à la philosophie, et qui s'affirmerait vigoureusement à travers la technophobie philosophique contemporaine. Mais il se manifeste davantage encore par l'ignorance

---

1. *Les techniques et le philosophe*, Paris, PUF.
2. *Ibid.*, p. 66.

ou l'indifférence des philosophes à l'égard de la technique, attitude que Ducassé juge particulièrement périlleuse. Car écrit-il, « une pensée qui croit annuler l'obstacle en l'ignorant, *avant* d'en avoir apprécié, puis assimilé la résistance, refuse son propre avenir » [1].

Pourquoi les philosophes réagissent-ils ainsi ?

Leur réaction semble liée au fait que l'efficience des processus et opérations techniques est exclusivement matérielle, étrangère au langage et au sens. « La technique, par définition – souligne Ducassé – ne vaut que si son efficience est indépendante de tout commentaire verbal » [2].

Cette question du langage conduit fort loin. Le langage est, comme chacun sait, le propre de l'homme ; il est aussi l'élément de la philosophie. C'est traditionnellement par le langage que l'homme s'humanise, s'acculture, s'éduque ; un rôle essentiel revient à cet égard à « la philosophie, éducatrice de l'humanité » (pour reprendre l'intitulé de l'avant-dernier Congrès mondial de philosophie tenu en 1998 à Boston). Or, des techniques d'élevage et de manipulation de l'homme se développent ou sont envisagées, qui menacent ce rôle de la philosophie. Ducassé évoque « l'apparition de techniques ambitieuses spécialement destinées à la modification biologique, psychologique et sociologique des conduites humaines » [3].

Un demi-siècle plus tard, cette alarme n'est certes pas éteinte. Il suffit, pour s'en convaincre, de lire des ouvrages récents de Jürgen Habermas (sur *L'avenir*

1. *Les techniques et le philosophe*, p. 13.
2. *Ibid.*, p. 29.
3. *Ibid.*, p. 19.

de la nature humaine, 2001) ou de Francis Fukuyama
(sur *Notre futur post-humain*, 2001). Ou encore de
se souvenir de la vive polémique qu'a suscitée, en
Allemagne et en France, la conférence de Peter
Sloterdijk sur les «Règles pour le parc humain.
Réponse à la Lettre sur l'humanisme» en 1999.

L'expression «philosophie des sciences» apparaît
au début du XIXᵉ siècle; au XXᵉ, elle désigne une
discipline d'une très grande fécondité, particulièrement dans le monde anglo-saxon. Elle prolonge, en
même temps, une tradition ancienne: celle de la
théorie de la connaissance et de la méthodologie
d'acquisition du savoir qui remonte à Platon et à
Aristote.

L'expression «philosophie de la technique»
apparaît seulement en 1877 lorsque Ernst Kapp
publie ses *Grundlinien einer Philosophie der
Technik*. Depuis lors, elle s'efforce de survivre avec
quelques auteurs, relativement marginaux, surtout en
Allemagne et aux États-Unis. En France, elle est quasi
inexistante, et il faut attendre 1988 pour rencontrer un
premier petit livre qui porte le titre *La philosophie de
la technique*[1].

En quoi ce décalage entre philosophie des
sciences et philosophie des techniques est-il perti-
nent pour le philosophe qui s'intéresse aux sciences
contemporaines?

Pendant plus de deux mille ans, la science a été
perçue comme de plain-pied avec la philosophie,

---

1. Par J.-Y. Goffi, «Que sais-je?», Paris, PUF.

celle-ci n'étant, en somme, que la science la plus générale ou la plus fondamentale. Et cette continuité entre sciences et philosophie a paru survivre tandis que s'épanouissait la science dite « moderne », celle qui assimile la recherche à l'expérimentation avec l'aide de techniques et qui voit dans la croissance du savoir un accroissement du pouvoir et du faire. Au XVIIIᵉ siècle et au début du XIXᵉ, les sciences sont encore couramment désignées comme des philosophies : « philosophie naturelle, philosophie mécanique, philosophie anatomique (Geoffroy Saint-Hilaire) philosophie botanique (Linné) philosophie zoologique (Lamarck), etc. ».

Sur quoi se fonde cette continuité ? Sur le postulat qui veut que la science soit foncièrement affaire de discours et de représentation théorique. Ce postulat convient aux philosophes : si les sciences ne sont que des discours et des théories n'ayant d'autre finalité que la description vraie de la réalité, la philosophie demeure autorisée à leur donner des leçons. N'est-elle pas, elle-même, la « reine des sciences », celle qui déploie la théorie et le discours les plus essentiels ? Qu'il s'agisse de la phénoménologie, qui dénonce la crise des sciences européennes ou du néo-positivisme qui entreprend de critiquer et d'unifier le langage des sciences, qu'il s'agisse de l'herméneutique philosophique ou des pratiques de déconstruction, tout au long du siècle qui vient de s'achever, les philosophes ont défendu et exercé l'antique privilège qui les avait institués « maîtres du discours ». Ce privilège a entretenu l'illusion de leur pouvoir sur les sciences, pourvu que celles-ci demeurent de l'ordre du discours et de la représentation, pourvu que les sciences restent, essentiellement, des « textes » et des « images » de ce qui est.

C'est dans les tendances dites « postmodernes » que cette conception « littéraire » de la science s'est le plus spectaculairement exprimée au cours des dernières décennies. Écoutons Richard Rorty, philosophe américain célèbre qui contribua à la promotion de l'étiquette « postmoderne » :

> Les physiciens sont des hommes cherchant de nouvelles interprétations du Livre de la Nature (...) Ce qui les fait physiciens est que leurs écrits sont des commentaires sur les écrits contenant des interprétations antérieures de la Nature (...).

Donc,

> je ne vois aucune différence intéressante entre ce qu'ils ont fait et ce que les exégètes bibliques, les critiques littéraires, ou les historiens de la culture font [1].

Pour des raisons en partie historiques (le nazisme et la guerre), le courant le plus fécond de philosophie des sciences du XXe siècle s'est exprimé – nous l'avons déjà souligné – dans le monde anglo-saxon : il va de Carl Gustav Hempel ou Ernst Nagel à Thomas

---

1. *Consequences of Pragmatism*, The Harvester Press, 1982, p. 90 et 199.

Kuhn ou à Paul Feyerabend en passant par Karl Popper ou Willard van Orman Quine. Il demeure très vivace de nos jours[1].

Cette tradition est clairement une tradition de philosophie du langage qui voit dans la science une entreprise de représentation langagière de la réalité et la critique, le cas échéant, comme telle.

Il y est très rarement question de technique. Celle-ci reste ignorée ou méprisée. Sauf dans une circonstance : lorsqu'il s'agit de voler au secours des prétentions de la science à fournir une description et une explication objectives, réalistes, de la nature. Alors, on souligne les « succès de la science » au plan de la manipulation, de l'intervention et de la transformation du monde, et on évoque les extraordinaires réalisations de la technique. Ces succès pratiques impressionnants et sans cesse croissants, ne peuvent s'expliquer, affirme-t-on, que parce que la science constitue une représentation de plus en plus fidèle et précise de la réalité.

Mais lorsqu'il s'agit de tous les aspects négatifs ou discutables de la technique, la science ne serait nullement en cause : elle ne serait pas intimement concernée par ces moyens, applications, conséquences, pratiques bonnes ou mauvaises. Tout cela n'entamerait aucunement la pureté, l'innocence, la neutralité ou la bonté intrinsèque de la science.

---

1. Cf., par exemple, M. Curd et J.A. Cover (éd.), *Philosophy of Science. The Central Issues*, W.W. Norton, 1998 ; W.H. Newton-Smith (éd.), *A Companion to the Philosophy of Science*, Blackwell, 2000.

Bref, la philosophie des sciences reconnaît la technique, du bout des lèvres, lorsqu'elle sert son dessein; elle l'expulse de l'entreprise « science » dès qu'elle devient compromettante.

Tous les philosophes des sciences souscrivent-ils à cette « externalisation » de la technique par rapport à la science?

Il est de rares exceptions. L'une des plus notables est lisible dans l'œuvre de Ian Hacking, professeur à l'Université de Toronto et titulaire depuis 1999 de la « Chaire de philosophie et histoire des concepts scientifiques » du Collège de France.

Ian Hacking appartient à la tradition anglo-saxonne qu'il critique de l'intérieur. Son livre le plus célèbre a été publié en 1983 avec un titre éloquent: *Representing and Intervening*[1]. Il reproche aux philosophes des sciences leur focalisation sur les théories et leur négligence – surprenante en ce qui concerne la science moderne – de l'expérimentation.

> Les philosophes des sciences discutent constamment des théories et des représentations de la réalité, mais ils ne disent presque rien de l'expérimentation, de la technologie, ou de l'usage de la connaissance pour modifier le monde. Ceci est étrange, car « méthode expérimentale » n'est, ordinairement, qu'un autre nom pour « méthode scientifique »[2].

Il dénonce, de même, la philosophie du langage comme ne présentant guère d'intérêt pour la philo-

---

1. Harvard University Press.
2. *Representing and Intervening*, p. 149.

sophie des sciences : « La théorie de la signification ne devrait guère avoir de place en philosophie des sciences » – « La philosophie de Putnam se fonde sur des réflexions sur le langage, et semblable philosophie ne peut apprendre quoi que ce soit de positif à propos des sciences naturelles »[1].

Hacking entreprend de nous faire voir la science sous l'angle de l'intervention, du faire, de l'expérimentation avec ou sans théorie, afin de rompre avec la conception dominante de la science comme représentation symbolique vraie du réel. Il nous laisse entrevoir une foule d'expérimentateurs ingénieux, souvent anonymes ou oubliés, qui ont *fait* la science, alors que seuls quelques grands théoriciens sont reconnus.

En ce qui concerne la réalité que la science est censée seulement représenter, Hacking écrit :

> Des entités (il s'agit des électrons, GH) qui, en principe, ne peuvent être « observées » sont régulièrement manipulées en vue de produire de nouveaux phénomènes et d'investiguer d'autres aspects de la nature. Ces entités sont des outils, des instruments non pour penser mais pour agir[2].

Et il raconte comment un ami physicien l'invita à suivre le détail d'expérimentations utilisant des positrons et des électrons afin de détecter l'existence de charges électriques partielles. À cette fin, il était nécessaire de modifier graduellement la charge initiale de billes de niobium[3]. Voici ce qu'écrit Hacking :

---

1. *Representing and Intervening*, p. 81 et 92.
2. *Ibid.*, p. 262.
3. Un métal utilisé pour la supraconduction.

Maintenant, comment modifie-t-on la charge de billes de niobium ? « Eh bien, à ce stade, dit mon ami, nous les arrosons de positrons pour augmenter la charge ou d'électrons pour la diminuer ». À partir de ce jour, je fus un réaliste en science. *Car en ce qui me concerne, si vous pouvez les pulvériser* (spray) *alors ils sont réels*[1].

Quelles sont les conséquences de cette position ?

Hacking consacre de nombreuses pages à la notion d'observation et à ses techniques, tel le microscope[2]. Ce qui l'interpelle, c'est le développement des instruments d'observation : l'approche du réel est « chargée de technique » (« technology loaded ») et pas simplement « chargée de théorie ». Ainsi observe-t-on l'intérieur du soleil en captant les neutrinos émis par les processus solaires de fusion nucléaire[3]. On observe aussi à l'aide de microscopes utilisant des longueurs d'ondes que nous ne pouvons pas percevoir (rayons X, ultraviolet, électrons, …) de sorte que l'image de l'objet doit être construite, à partir d'interactions mesurées, comme une cartographie[4]. La fiabilité quant à la réalité de ce que l'on observe augmente dans la mesure où des techniques différentes conduisent à des conclusions convergentes. Cette convergence réduit le risque que l'objet observé ne soit un artefact engendré par l'appareillage utilisé ou l'effet de quelque interférence non connue[5]. On a envie de

---

1. *Representing and Intervening*, p. 22.
2. *Ibid.*, p. 167-209.
3. *Ibid.*, p. 171.
4. *Ibid.*, p. 10.
5. *Ibid.*, p. 200 *sq.*

dire que plus x (la «chose» observée) résiste aux interactions ou actions observationnelles imposées par les expérimentateurs, plus x acquiert de réalité et d'identité.

Dans un texte resté célèbre («La nature dans la physique contemporaine», 1955), le physicien Werner Heisenberg soulignait déjà :

> La science, cessant d'être le spectateur de la nature, se reconnaît elle-même comme partie des actions réciproques entre la nature et l'homme [1].

Ce texte invite à une réévaluation radicale de la technique par rapport à la science :

> C'est cette technique qui, à partir de l'Occident, a répandu les sciences de la nature sur la terre entière et les a situées au centre de la pensée contemporaine. Dans le processus de ce développement au cours des deux derniers siècles, la technique a toujours été la condition et la conséquence des sciences de la nature [2].

La portée de certains passages demeure révolutionnaire cinquante ans plus tard :

> Dans l'avenir, les nombreux appareils techniques seront peut-être aussi inséparables de l'homme que la coquille, de l'escargot ou la toile, de l'araignée [3].

---

1. D'après la traduction de U. Karvélis et A.E. Leroy : W. Heisenberg, *La nature dans la physique contemporaine*, «Idées», Paris, Gallimard, 1962, p. 34.

2. *La nature dans la physique contemporaine*, p. 20.

3. *Ibid.*, p. 22.

L'idée d'extension technique de nos organes sensoriels invite à reconsidérer ceux-ci. Il est banal de rappeler qu'« organe » signifie étymologiquement « instrument » et de comprendre nos sens comme un appareillage. Ces organes auraient pu être différents et ils ont des limites. Ils traitent, c'est-à-dire manipulent activement, les stimuli. Ils sont donc actifs et interactifs au même titre que les instruments techniques d'observation. Nous leur faisons confiance parce qu'ils sont naturels. Mais cela signifie surtout qu'ils nous sont parfaitement familiers : ne sommes-nous pas nés avec ? On peut faire valoir qu'ils ont été sélectionnés par l'évolution. Ceci signifie simplement que dans les circonstances contingentes qui ont été celles de l'évolution des mammifères et de l'homme sur la Terre, ils ont offert jusqu'ici une efficacité suffisante pour assurer la survie de l'espèce. Cependant, nous ne songeons jamais à cette justification. Nos sens sont seulement de pratique familière et généralement efficace en vue de la gestion de notre existence parmi les interactions de la vie quotidienne. En réalité, notre confiance est *aveugle*, car nous ne savons quasi rien de la manière dont nos sens fonctionnent. En revanche, nous savons, ou pouvons savoir, comment fonctionnent exactement les appareils techniques grâce auxquels nous accédons à des réalités et à des interactions qui dépassent notre équipement sensoriel naturel. Il ne serait donc pas illogique de faire davantage confiance à ceux-là qu'à celui-ci. Remarquons qu'aujourd'hui nos sens – leurs structure et fonctionnement – sont aussi, progressivement, objectivés, analysés, avec l'aide d'instruments techniques, par les sciences cognitives. On décrit cette saisie du sujet percevant et connaissant par les sciences expérimentales comme une « naturalisation » des questions épistémologiques. Ne vaudrait-il pas mieux parler de « technicisation » ou d'« opérationnalisation »? Pas simplement parce que l'accès aux processus cognitifs en question est techniquement médiatisé; mais parce que la reconnaissance de la contingence de l'appareil sensoriel ainsi que son démontage pourraient déboucher sur des remontages différents et des couplages de plus en plus immédiats avec des appareils de perception artificiels augmentant et diversifiant nos capacités naturelles. Pareilles prothèses bien intégrées pourraient devenir aussi familières et naturelles que nos sens innés.

En faisant allusion à ce genre de développements, Heisenberg introduisait déjà aux questions épineuses que suscite le passage d'une philosophie traditionnelle des sciences à une philosophie des sciences et techniques placée dans une perspective évolutionniste, et qui comprend, notamment des problèmes dits de « bioéthique ».

Hacking est très hésitant à franchir ce pas. Il aborde prudemment : « Une des fonctions de l'expérimentation (qui) est à ce point négligée que nous n'avons pour elle aucun nom. Je l'appellerai la création de phénomènes »[1]. Il s'agit de phénomènes qui n'existent d'abord que dans le contexte hypertechnologique du laboratoire, soit qu'ils ne se

1. Hacking (1983), *op. cit.*, p. 220.

rencontrent pas à l'état pur dans la nature, soit qu'à notre connaissance ils n'existent pas dans la nature.

La création par les sciences et les techniques de phénomènes, de processus et de substances qui ne se rencontrent pas dans la nature est, pourtant aujourd'hui, très ordinaire. Elle prend son essor au XIXᵉ siècle en chimie. Dès 1870, Marcellin Berthelot observe :

> La chimie crée son objet. Cette faculté créatrice, semblable à celle de l'art lui-même, la distingue essentiellement des sciences naturelles et historiques[1].

Cet élan s'est poursuivi en physique et il vient d'atteindre la biologie avec la transgenèse et le clonage qui créent de nouvelles formes de vie. Hacking ne l'identifie que dans le cadre de la recherche en physique. Il ne fait que frôler la question de la sortie du laboratoire ainsi que celle du milieu radicalement artificiel dans lequel nous vivons, produit des technosciences, dont il se contente de souligner l'ancienneté.

> La plupart des choses que nous disons naturelles – la levure qui fait monter le pain, par exemple – ont une longue histoire technologique[2].

Cette retenue de Hacking a des aspects frustrants. Peut-il sérieusement maintenir dans le laboratoire

---

1. Cité par I. Stengers, *Histoire de la chimie*, Paris, La Découverte, 1993, p. 186.
2. Hacking (1983), *op. cit.*, p. 227.

cette recherche technoscientifique transformatrice et créatrice qu'il décrit?

Construire la réalité en un processus illimité de création n'a plus grand chose à voir avec *représenter* la réalité. Mais si l'idée d'une progressive approximation de la Vérité régule de moins en moins la communauté scientifique et la civilisation au sein de laquelle la science et la technique jouent un rôle constitutif, comment réguler cette civilisation? Et comment réguler, en elle, la Recherche et le Développement TechnoScientifique?

Representing and Intervening débouche, sans l'énoncer explicitement, sur la question de l'obligation pour le philosophe «des sciences» d'aborder des problèmes relevant de la philosophie de la technique et de la philosophie pratique, morale et politique. Dans un ouvrage ultérieur (1999), *The Social Construction of What?*, Hacking touche à une foule de questions ayant une portée éthique et politique. Mais il refuse toujours de franchir vraiment le pas. Et il s'en explique fort honnêtement à l'occasion du chapitre consacré à «La recherche sur les armes». Tout en reconnaissant les «vastes questions concernant aussi bien la morale que la politique. Je les évite délibérément» dit-il, en justifiant cette position comme suit :

> Les enjeux moraux sont philosophiques et ils ont quelque chose à voir avec la science, mais il n'y a pas de raison de penser qu'un philosophe des sciences – tel que le terme est défini en Amérique du Nord – sera bien qualifié pour en parler. La philosophie des sciences tombe sous la métaphysique et l'épistémo-

> logie – ce qui existe et comment nous le découvrons –
> alors que j'ai cité des enjeux familiers de l'éthique et
> de la politique. (…) Des philosophes des sciences ne
> devraient pas prétendre à plus d'expertise sur les
> questions éthiques que, disons, l'homme qui se
> trouve dans le bureau à côté du mien et qui est un
> archéologue classique (…)[1].

Bien que je respecte cette position, je pense aussi
qu'elle est difficilement défendable là où la réflexion
sur les sciences a conduit Hacking. Certes, il est
déplacé de demander à quelqu'un de parler de ce qu'il
ignore. Mais on peut lui demander s'il a le droit de
continuer à l'ignorer. La défense de Hacking est ici
assez faible : il se définit comme « philosophe des
sciences, style nord-américain ». Or, il s'agit là d'une
définition que ses propres recherches critiques n'ont
cessé de remettre en question précisément sous
l'angle de l'emprise de la métaphysique et de l'épisté-
mologie théoriques. En outre, qu'est-ce qu'être
« philosophe des sciences » lorsque les sciences sont
devenues à ce point créatrices et constitutivement
interactives avec la société et la nature ?

Des choix, argumentés dans la mesure du possible,
sont à faire et interpellent le philosophe. Des choix de
politique scientifique, des choix bioéthiques à portée
juridique, des choix, comme on dit, « de société ». Ces
choix entraîneront que des recherches et des construc-
tions technoscientifiques se feront ou non, avec des
conséquences difficiles à anticiper et à évaluer.

---

1. (2001), *op. cit.*, p. 228-229.

Hacking indique dans cette direction, sans s'y engager.

Le développement des sciences et des techniques au cours du dernier siècle invite à passer de l'ultime question kantienne « Qu'est-ce que l'homme ? » à une interrogation nouvelle, moins spéculative que pratique : « Que va faire l'homme de l'homme ? ».

Cette question devient infinie lorsqu'on la place dans la perspective évolutionniste de la temporalité – biologique, géologique et cosmologique – que les sciences nous ont révélée et qui s'étend sur des millions d'années vers le passé et vers le futur. Mais cet abîme temporel ne doit pas éclipser le fait que cette question interpelle aussi, toujours davantage, notre responsabilité, tout particulièrement dans certains secteurs de la Recherche&Développement.

Lorsque la loi française interdit, à tort ou à raison, en 2003, la Recherche&Développement relative au clonage humain comme étant « un crime contre l'espèce humaine », elle exprime au moins la conscience des enjeux tant spéculatifs que pratiques des sciences et des techniques contemporaines.

Nous voici arrivés au seuil de la bioéthique introduite à partir de la perspective du philosophe et sans oublier la proximité de ce que l'on nomme quelquefois, aujourd'hui, le bio-droit et la bio-politique [1].

---

1. Notre ouvrage, *Philosophies des sciences, philosophies des techniques*, *op. cit.*, développe et approfondit les questions présentées dans cette conférence.

DES PRINCIPES NORMATIFS UNIVERSELS
EN BIOÉTHIQUE ?

À PROPOS DU PROJET DE DÉCLARATION
UNIVERSELLE DE BIOÉTHIQUE
DE L'UNESCO

… nulle part vous n'avez dit ce qui constitue l'essentiel du jeu de langage, et donc du langage même : ce qui est commun à tous ces processus et en fait un langage, ou des parties du langage. (…) Au lieu d'indiquer quelque chose qui est commun à tout ce que nous nommons langage, je dis que pas une chose n'est commune à ces phénomènes qui nous permette d'user du même mot pour tous, mais ils sont *apparentés* les uns aux autres de nombreuses et différentes manières.

Je ne puis caractériser mieux ces similitudes que par l'expression « ressemblances de famille » ; car c'est de la sorte que s'entrecroisent et se recouvrent partiellement les similitudes qui existent entre les différents membres d'une famille : la stature, les traits du visage, la couleur des yeux, la démarche, le tempérament, etc. Et je disais : les « jeux » constituent une famille. (…) Et la résistance du fil ne réside pas dans le fait qu'une fibre quelconque le parcourt sur toute sa longueur, mais dans le fait que de nombreuses fibres se recouvrent mutuellement de proche en proche.

L. Wittgenstein, *Philosophische Untersuchungen*, 65 et 67

CONSIDÉRATIONS GÉNÉRALES

Bioéthique et philosophie [1]

Abordant, dans un contexte bioéthique, un thème philosophique – la question des principes normatifs universels constitue sans aucun doute un thème philosophique – une mise en garde me paraît nécessaire :

– Premièrement, au sein du débat bioéthique, la philosophie n'est qu'une voix non privilégiée parmi d'autres. Le champ bioéthique est le plus complexe qui soit : il est le plus multidisciplinaire car il s'étend des sciences et des technologies « dures » à des disciplines telles que la théologie ou le droit ; il est pluraliste sur fond de multiculturalisme global ; il est au carrefour d'associations d'intérêts vitaux et puissants. Cette multiple complexité est d'autant plus grande que le contexte de la discussion bioéthique est étendu : ce contexte est maximal dans le cadre de l'Unesco.

---

1. Le lecteur trouvera des informations et des analyses relatives aux rapports entre bioéthique et philosophie beaucoup plus étendues dans notre ouvrage : *Qu'est-ce que la bioéthique ?*, *op. cit.*

– Deuxièmement, l'attente à l'égard du philosophe de la part des autres intervenants non philosophes du débat bioéthique est souvent peu informée de la réalité philosophique. La philosophie se caractérise, depuis 2500 ans, par une histoire foncièrement polémique. Elle est devenue au XXe siècle une activité particulièrement critique (déconstructrice) de sa propre tradition métaphysique et systématique dans ce que celle-ci comportait de prétentions dominatrices : universalisme, totalitarisme, fondamentalisme. Aussi est-ce dans la philosophie contemporaine elle-même que la crise des repères, des valeurs et des normes universelles s'exprime avec le plus de radicalité.

Traiter, en philosophe, des « principes normatifs universels en bioéthique » est donc une tâche délicate qui doit s'efforcer d'éviter un double écueil : l'excès d'esprit critique qui peut alimenter le nihilisme, et l'excès d'affirmation qui mène au dogmatisme.

– Troisièmement, la bioéthique est caractérisée par des limites floues : où commencent et finissent la bioéthique, le biodroit et la biopolitique ? Au plan des institutions de sociétés démocratiques, il est essentiel que la distinction entre morale, droit, politique, etc.[1] soit clairement respectée. Au plan des libres discussions interdisciplinaires, ce respect est plus difficile et moins justifié ; mais cette situation peut entraîner bien des malentendus. Lorsque, par exemple, un philosophe ou un théologien traditionnels entendent parler

---

1. Qui recoupe la séparation des pouvoirs, ainsi que de celle de l'État et des Églises.

de « principes normatifs universels », ils pensent à des règles et à des valeurs fondamentales, métaphysiques ou transcendantales, immuables et intangibles. Le plus souvent, par contre, un juriste (sauf, peut-être, s'il est féru de droit naturel), un sociologue ou un politologue penseront à des articles de lois (une Constitution, par exemple) au statut certes très fermement protégé, mais cependant passibles de modification suivant des procédures strictement définies. Le juriste et le politique pourront, sans les dévaloriser, considérer les principes bioéthiques universels comme des *fictions* utiles, voire néces-saires, à la vie en société. En revanche, de nombreux philosophes résisteront à la présentation stratégique ou rhétorique de fictions comme s'il s'agissait de vérités universelles nécessaires, fondées en Dieu, en l'Essence de l'Homme ou dans l'Ordre de la Nature. Ils dénonceront ces mises en scène dogmatiques – onto-théologiques – que d'autres estimeront indispensables à l'institution de la société et à une légitimation efficace du politique et du droit.

Une surabondance de principes

De prime abord, la bioéthique se caractérise par la surabondance de principes : d'autonomie, de bien-faisance, de non-malfaisance, de justice, de dignité, de respect de la vie, de solidarité, de vulnérabilité, du consentement libre et informé, du calcul des coûts et bénéfices, de proportionnalité, de responsabilité, de non-discrimination, de précaution, de protection de la vie privée, de non-commercialisation du corps, du respect de l'intégrité du corps, des trois R [1], de sécurité (*safety*), de traçabilité, de scientificité, du développement durable, de biodiversité, etc. ... [2]. La surabondance des principes est symptomatique de la crise des repères normatifs stables et communs; elle est encouragée par la diversité des traditions morales et par l'évolution rapide des sciences et des techniques. Très tôt, la bioéthique s'est cependant construit une éthique propre appelée « principlisme » fondée sur les quatre premiers principes de mon énumération, et accordant une certaine priorité au principe d'autonomie, dans l'espoir de mettre de l'ordre dans la multiplicité des références normatives et axiologiques et de guider la décision au sein de sociétés multiculturelles et technoscientifiques, complexes et évolutives. Cette tentative de réduction propre aux décennies soixante-dix et quatre-vingts – sur laquelle je ne m'appesantirai pas ici davantage – n'a nullement empêché la bioéthique de poursuivre sur la voie de la création de principes.

Le principlisme a été abondamment critiqué. Ses quatre principes ne sont pas à abandonner, mais ils sont loin d'épuiser la liste des principes intéressants; en outre, leur hiérarchie qui tend à privilégier parfois imprudemment le principe d'autonomie est contestable.

---

1. « Replacement, Reduction, Refinement » : normes applicables à l'expérimentation animale.
2. Cf., par exemple, *La bioéthique : un enjeu international (Actes de la Table Ronde des Ministres de la Science : Paris, 22-23 octobre 2001)*, Unesco, 2003, p. 6, 11; G. Hottois et J.-N. Missa (éd.), *Nouvelle Encyclopédie de Bioéthique*, Bruxelles, De Boeck, 2001.

Pas de hiérarchisation rigide

La multiplication des principes bioéthiques est désolante seulement pour celui qui rêve d'un monde simple et immobile. Je préfère y lire la chance d'un enrichissement de la conscience morale en situation de choix. Pour saisir cette chance, il ne faut pas concevoir les principes normatifs comme un système logiquement ordonné de normes fermement hiérarchisées d'où l'on déduirait l'énoncé particulier disant, dans chaque situation concrète, ce qu'il faut faire. Il faut s'y référer comme à des consignes rappelant des valeurs également importantes, qui méritent toutes *a priori* d'être prises en considération. La tension existant entre le principe d'autonomie invitant à respecter la liberté absolue de choix d'autrui et le principe de bienfaisance invitant à promouvoir le bien d'autrui est un exemple simple de cette obligation de références axiologiques et normatives multiples et croisées. Vouloir supprimer ce genre de tension, simplifier ces références et rendre le raisonnement moral univoque, conduit à passer à côté de ce qui fait la substance (problématique, conflictuelle, douloureuse) de la conscience, du choix ou du jugement moral. Juger est au cœur de l'éthique et du droit. La délibération, personnelle ou collective, qui aboutit à un jugement et à un choix doit s'éclairer de la référence à tous les principes pertinents dans la situation, de sorte que la décision soit prise avec la conscience et la mémoire de ce qui aura dû être subordonné ou sacrifié.

Placer non à la base ni au-dessus de la bioéthique, mais *tout autour d'elle*, un nombre indéfini de principes et de valeurs, comme autant de balises ou de poteaux indicateurs ou, encore, de garde-fous, me paraît une position sage et prudente.

Sous cet angle, le rapport de la bioéthique à la philosophie morale n'est pas très éloigné de ce qui, aux yeux de certains, apparaît comme du bricolage. La bioéthique puise (cela veut dire : prend certains concepts, et en laisse beaucoup d'autres) autant dans Kant que dans Aristote, autant dans le rationalisme des Lumières ou de l'École de Francfort que dans l'utilitarisme ou dans les philosophies herméneutiques et les éthiques narratives ... Le bricolage n'est pas une activité honteuse ; on a souvent souligné au cours du XXᵉ siècle que la créativité des cultures matérielles et symboliques ainsi que la créativité de la vie elle-même passe par lui. L'important est que le bricolage empirique ne soit pas sans mémoire afin de ne pas répéter les échecs coûteux avec des conséquences éventuellement tragiques.

Un modèle : la «Déclaration Universelle des Droits de l'Homme» (DUDH)

La Déclaration Universelle des Droits de l'Homme demeure à mes yeux le modèle de la mise en place de normes universelles, et je me réjouirais à cet égard que la nouvelle Déclaration s'inscrive expressément dans cette tradition.

Il existe deux manières de justifier l'adhésion des hommes à des normes présentées comme univer-

selles. *Soit* on affirme qu'*il y a* des normes et des
valeurs universelles qui s'imposent aux hommes
indépendamment de leur accord. *Soit* on considère
que c'est l'accord entre tous les intéressés qui constitue et justifie les normes universelles. Dans le premier
cas, c'est l'universel existant en soi qui fonde le
consensus ; dans le second, c'est le consensus qui crée
et légitime l'universel.

Or, ce qui est remarquable à propos de la
Déclaration Universelle des Droits de l'Homme, c'est
qu'elle a écarté l'ambition métaphysique ou théolo-
gique de fonder les droits universels en Dieu ou en
l'Être Suprême, dans la Nature ou la Raison. De telles
références étaient encore présentes dans la Déclaration de 1789 ; elles sont absentes en 1948. Pourquoi ?
Parce que au lendemain de la Seconde Guerre Mon-
diale, lors des discussions qui aboutiront au texte de la
Déclaration Universelle des Droits de l'Homme, les
Constituants représentant les différentes nations du
monde dit « libre » et professant des convictions
religieuses et philosophiques inconciliables, se sont
expressément rendus compte de deux choses : a) ils
pouvaient s'entendre sur un certain nombre de règles ;
b) ils ne pouvaient pas se mettre d'accord sur ce qui
justifiait ou fondait leur adhésion.

Il serait pourtant inexact de dire que les Droits de
l'Homme ne sont donc pas fondés. Non : il n'y a
simplement pas d'expression universelle, unique et
univoque d'un tel fondement. Libre à chacun, à partir
de ses convictions, de sa tradition, philosophie ou
religion, de fonder les Droits de l'Homme ou simplement de les trouver indispensables à une société

civilisée. On pourrait ajouter qu'étant ainsi fondés ou justifiés de manières très diverses, les Droits de l'Homme sont bien plus solidement établis que si on les avait fait reposer sur un fondement unique : Dieu ou la Raison ou la Nature ou la Société, etc. Car l'unicité et l'universalité d'un tel fondement seraient vite apparues comme illusoires. Seul un consensus pragmatique sur le respect de règles – que chacun est invité à fonder ou à justifier librement à partir de sa culture – est conciliable avec une civilisation multi-culturelle et pluraliste. Semblable consensus seul préserve la liberté de pensée et de croyance.

Concept universel et analogie familiale

Il y a deux manières de « tenir-ensemble ».

Il y a le mode *logique* (dont la portée est souvent onto-logique) : il consiste à rassembler le divers dans une seule classe distinguée à l'intérieur d'une classe plus vaste par une différence dite essentielle ou spéci-fique. Par exemple, on appellera « jeu » toute activité simplement divertissante ; ou « homme » tout vivant doué de langage ou de raison. L'entité qui ne possède pas la caractéristique définitoire essentielle tombe hors de la classe et on ne peut pas lui appliquer le nom.

L'autre mode est *analogique* (sa portée est pragmatique) : Ludwig Wittgenstein l'introduit à l'aide de la métaphore de la « famille » : ce qui caractérise les divers membres d'une famille, ce n'est pas une propriété (physique, psychologique) unique que tous partageraient, mais le fait que chaque membre partage au moins avec un ou quelques autres

parents un ou plusieurs caractères. Ou encore : ce qui
fait la solidité d'une corde, ce n'est pas qu'un seul fil
unique court tout au long ; c'est le recouvrement
partiel d'un grand nombre de fibres dont aucune n'est
présente sur toute la longueur. Il n'y a pas *un* caractère
univoque commun à *tous* les jeux ; et lorsqu'on croit
en avoir trouvé un – par exemple, le divertissement –
l'examen soigneux et sans préjugé pulvérise à son
tour ce mot-critère en un nombre indéfini d'usages
et d'acceptions : ce qui est divertissant pour une
personne ne l'est pas pour une autre, et les jeux sont
« divertissants » ou non, suivant des sensibilités et des
sens infiniment différents. Prétendre définir l'humanité par un trait dit « essentiel » est périlleux : on
risque de ne pas le retrouver chez tous les êtres que
l'on aimerait qualifier d'humains, et on risque de ne
pas s'entendre sur le sens précis du trait définitoire.
Tous les humains sont-ils nécessairement et toujours
rationnels, conscients, parlants, moraux, ludiques,
bipèdes, libres, doués d'une âme, génomiquement
identiques, etc. ; et qu'est-ce que cela veut dire : défi-
nissez la liberté, la raison, l'âme, le spécifiquement
humain … Si l'on considère que l'humanité tient
ensemble comme une « famille » et non comme une
« essence », d'une manière analogique et non sur le
mode logique du concept univoque et universel, alors
on s'ouvre à des perspectives, à la fois plus complexes, plus souples, plus accueillantes. La volonté de
réunir l'humanité sous un concept universel univoque, immuable, apparaît comme faussement éclai-
rante et dangereusement exclusive et dogmatique.

Il ne s'agit pas de nier l'utilité des mots généraux, et donc des normes générales : la plupart du temps l'usage du mot « jeu » ou « divertissant » ou « homme » ne fait pas problème. Mais lorsqu'un problème surgit à l'occasion d'un usage nouveau, inattendu, controversé, le point de vue analogique facilite la discussion et la possibilité de revoir, étendre, nuancer l'usage. Le point de vue logique strict réagira par l'exclusion, le refus de discuter et d'évoluer.

Ce qui importe, en dernière analyse, c'est l'équilibre dynamique entre un excès de mobilité et un excès de rigidité.

Observons que les deux modes du « tenir-ensemble » offrent quelque parenté avec les deux styles juridiques : le Droit dit « continental » favorise le modèle logique ; tandis que le droit dit « anglo-saxon » – le *Common Law* – préfère les modalités analogiques. Les deux approches sont importantes et la pratique éclairée du droit devrait s'inspirer de l'une autant que de l'autre.

Les diverses traditions et cultures forment, dirait Wittgenstein, une famille, c'est-à-dire qu'elles partagent une multiplicité de traits – de valeurs. Il n'est pas sûr qu'il soit possible de dégager un ou quelques traits univoques qui se retrouveraient à l'identique chez toutes à travers l'espace et le temps. Il n'est pas sûr non plus qu'il soit souhaitable de construire une sorte de « métaculture » et de « métamorale » univoques à imposer à toutes. L'important est que chacun acquière une sorte de « culture du multiculturalisme », offrant la possibilité d'entrer en dialogue avec les « autres

culturels » qui ne sont jamais des « étrangers moraux »
complets.

Le projet d'une Déclaration Universelle relevant,
de prime abord, davantage du modèle logique, je crois
important de compenser cette appartenance présumée
en accentuant les aspects pragmatiques, non fonda-
mentalistes, pluralistes et d'ouverture évolutive des
valeurs, des normes et des concepts proposés.

Éthique procédurale et éthique substantielle

En raison du pluralisme culturel et moral ainsi que
du caractère mobile, évolutif de nos sociétés dû, entre
autres, aux progrès scientifiques et techniques, l'idée
d'une éthique procédurale s'est développée durant
le dernier tiers du XXᵉ siècle. Pareille éthique
n'ambitionne pas de donner d'emblée la solution des
questions morales, mais seulement une méthode pour
arriver à une solution dans un contexte où plusieurs
morales substantielles co-existent et interagissent.

Le principlisme américain était déjà procédural,
et produit d'une approche procédurale puisqu'il
exprime des principes communs minimaux sur
lesquels des hommes de convictions philosophiques
et religieuses différentes à la recherche d'une méthodologie de résolution des conflits éthiques ont pu se
mettre d'accord.

Mais l'éthique procédurale s'est surtout fait
connaître par les travaux des philosophes de
Francfort, K.O. Apel et J. Habermas. Elle postule que
les questions morales sont à résoudre par la discussion
sans contrainte entre les divers intéressés qui échan-

gent arguments et objections, et finissent par aboutir à un consensus. Ce consensus est la réponse rationnelle à la question morale posée. Dans cette optique, la Raison n'existe que par le dialogue argumenté et les conclusions auxquelles la discussion conduit. Mais la Raison est bien, de cette manière, méthodiquement accessible. Autrement dit, les conclusions obtenues dans le respect de l'éthique procédurale ont une valeur universelle, en attendant du moins que le débat soit formellement réouvert sur la base de faits ou d'arguments nouveaux. L'éthique procédurale ainsi conçue est quelquefois dite « moderne » parce qu'elle prolongerait la tradition actualisée du rationalisme des Lumières.

Toutefois, la croyance en la Raison universelle – même historiquement et langagièrement concrétisée dans la discussion argumentée – n'est pas universellement partagée. De nombreux penseurs du XXᵉ siècle l'ont décrite comme une croyance particulière propre à une partie de la civilisation occidentale moderne inégalement propagée à travers le monde. L'éthique procédurale rationnelle serait, suivant ces critiques, encore une éthique substantielle avec des contenus et des croyances, des valeurs et des normes, hérités de la double tradition philosophique gréco-latine et monothéiste judéo-chrétienne sécularisée. C'est ce que pense un philosophe bioéthicien tel que H.T. Engelhardt[1]. Et c'est ce que tend à

---

1. Voir *The Foundations of Bioethics*, Oxford, Oxford University Press, 1986; 1996 et *Bioethics and Secular Humanism*, SCM Press et Trinity Press International, 1991. Voir aussi notre ouvrage déjà men-

reconnaître Habermas lui-même dans l'un de ses derniers livres, *L'avenir de la nature humaine*, où il affirme que « la retenue post-métaphysique » associée au pluralisme « bute sur ses limites dès qu'on aborde les questions relatives à une "éthique du genre humain" » : « la philosophie ne peut plus échapper à des prises de positions substantielles »[1].

La seule procédure éthique selon Engelhardt et certains penseurs dits « postmodernes » est l'*interaction symbolique non violente* aboutissant ou non à un accord. L'interaction symbolique ne se limite pas à l'échange d'arguments prétendument rationnels : elle embrasse toutes les formes de persuasion sans contrainte ni violence physiques. Les permissions, agréments, contrats ainsi obtenus ne sont ni rationnels ni universels ; ils sont « conventionnels » et ne s'imposent qu'à ceux qui y ont consentis. Dans le domaine de la bioéthique qui est celui du bien et du mal, du sens de la vie, de la souffrance et de la mort, de la définition de l'homme et de son avenir, il n'est pas anormal que nous ne soyons pas toujours d'accord. À la différence du procéduralisme éthique rationaliste, le procéduralisme postmoderne se méfie de toute règle prétendant être davantage qu'un accord factuel, contextuel, situé et daté, entre des individus et des communautés. La force légitimante de cet accord en tant que source de normes et de droit n'a d'autre origine que ces individus et ces communautés qui y ont factuellement consenti.

tionné, *Qu'est-ce que la bioéthique ?*, dont la deuxième partie présente les conceptions fondamentales d'Engelhardt.
    1. Traduction française, Paris, Gallimard, 2002, p. 24.

Comme on le voit, la question de la tension entre unité-universalité d'une part et multiplicité-particularité d'autre part rejaillit à propos de l'éthique procédurale elle-même, pourtant présentée comme la solution universellement acceptable par le pluralisme et le multiculturalisme. Cette conclusion n'est ni surprenante ni désolante, à condition de pouvoir accueillir cette tension d'une manière constructive : le rappel que l'unité et la diversité sont l'une *et* l'autre des valeurs et des impératifs importants, à ne pas sacrifier unilatéralement l'un *à* l'autre.

Les principales exigences procédurales de la discussion bioéthique sont : l'interdisciplinarité et le pluralisme, la participation de représentants de tous les groupes d'intérêts concernés, la visée non contraignante du consensus et la non occultation des avis dissensuels avec leurs raisons.

QUELQUES REMARQUES RELATIVES
AU PROJET DE L'UNESCO D'UNE « DÉCLARATION
SUR LES NORMES UNIVERSELLES EN BIOÉTHIQUE »

Je n'ai pas participé à l'élaboration de la Déclaration, et je sais par expérience à quel point une telle entreprise est difficile lorsqu'elle est, comme c'est le cas à l'Unesco, conduite dans des conditions effectivement interdisciplinaires et pluralistes. Je sais aussi que l'aspect simple du texte ne reflète pas tout le travail, les nombreuses discussions et négociations, – l'histoire dont le texte est l'aboutissement. Je sais donc que pour celui qui ne prend connaissance que du produit semi-fini ou final, la présence ou l'absence de certains mots, la particularité de certaines tournures, ne sont pas toujours parfaitement intelligibles.

D'une manière générale, j'ai trouvé le texte proposé[1] en accord avec les préalables philosophiques que je viens d'esquisser, de telle sorte que mes observations confortent plus qu'elles ne critiquent.

1) En ce qui concerne le titre, je me rallie sans réserve à *l'intitulé* recommandé : « Déclaration universelle sur la bioéthique et les droits de l'homme ». Il situe clairement la Déclaration dans une tradition philosophique et juridique dont le modèle reste la Déclaration Universelle des Droits de l'Homme.

2) À tous les niveaux de sa définition et de sa pratique, la bioéthique est expressément décrite comme devant être à la fois très *interdisciplinaire et* authentiquement *pluraliste* ; l'indépendance des Comités de (bio)éthique est soulignée. Les États et l'Unesco, *via* le Comité International de Bioéthique

---

1. Mes remarques ont été inspirées primitivement par la version de décembre 2004 et amendées sur la base de la version de février 2005. J'ai cependant renoncé à indiquer des références à des articles précis dans la mesure où d'une version à l'autre on observe de nombreuses translocations, sans toutefois que le contenu des textes déplacés soit sensiblement modifié. La version de février 2005 est la version définitive élaborée par le CIB, comité d'experts indépendants. Elle doit être soumise au cours de l'année 2005 à des experts gouvernementaux qui ont désormais autorité sur le texte à présenter en automne 2005 à la Conférence Générale (communication de Mme Michèle Jean Stanton, Présidente du CIB). Une analyse comparée des deux états de la Déclaration pourrait être intéressante pour l'étude des rapports entre bioéthique et biopolitique.

(CIB) et le Comité Inter-Gouvernemental de Bioéthique (CIGB), sont invités à veiller à la mise en œuvre de ces impératifs.

3) J'ai été impressionné par le *nombre de principes et de valeurs* rappelés (dignité, liberté, égalité, justice, bienfaisance, non-malfaisance, non-discrimination, consentement, autonomie, responsabilité, vie privée, solidarité, vulnérabilité, etc.) : ces références éthiques apparaissent à travers l'ensemble du texte avec insistance.

4) Mais ce qui est le plus important, c'est que cette pluralité axiologique et normative, est affirmée positivement comme ne devant pas être ramenée à un ordre hiérarchique, univoque, figé. Un article souligne ainsi expressément *l'interdépendance et la complémentarité* des principes, leur nature relationnelle. J'apprécie particulièrement que, le plus souvent, la dignité et la liberté des personnes sont co-référées jusque dans le titre de l'article final qui clôt la Déclaration. Évaluer ou juger d'un point de vue éthique requiert, sinon de concilier valeurs et normes toujours et partout (ne tombons pas dans l'irénisme), du moins de ne pas affirmer un principe hors de l'éclairage apporté par les autres, y compris ceux que l'on estime, dans la circonstance, devoir marginaliser ou sacrifier.

5) J'apprécie également que, sans le moins du monde succomber à la tentation du scientisme ou du technicisme, plusieurs articles rappellent l'importance de l'information technoscientifique, la *valeur de la science*, les vertus exigées de la communauté

scientifique et les qualités d'un travail scientifique (intégrité, indépendance, publicité, esprit critique). L'importance cruciale de l'expertise technoscientifique, *dans ses limites*, est justement soulignée à propos de l'évaluation des risques. En résistant aux critiques postmodernes de la science tout en soulignant l'importance du pluralisme, la Déclaration réussit un équilibre délicat entre Modernité et Postmodernité. S'il est capital de garder à l'esprit l'ancienne maxime « Science sans conscience n'est que ruine de l'âme », il est indispensable, spécialement dans des contextes où la conscience morale est prioritairement interpellée, de méditer la maxime symétrique : « Conscience sans science … ».

6) Enfin, j'observe que la Déclaration prévoit une procédure de *révision périodique* de ses articles, ce qui me paraît tout à fait approprié, compte tenu de l'évolution des sciences et des techniques autant que des mœurs dans la dynamique de la mondialisation. La même sagesse inspire la *retenue* de la Déclaration qui ne se prononce pas sur des questions *spécifiques*[1]. Afin d'illustrer la pertinence de cette double prudence, songeons au clonage : au début des années quatre-vingt-dix le clonage des mammifères était considéré comme impossible ou comme une éventualité spéculative très lointaine; en 1997, Dolly provoque l'émotion éthique, non encore retombée d'ailleurs, qui se focalise sur le clonage humain reproductif sans qu'il soit d'abord question du

---

1. Statut de l'embryon, euthanasie, thérapie génique germinale, clonage, transgenèse, etc.

clonage thérapeutique; dans les mois et les années qui suivent, la focalisation du débat se déplace sur la différence entre reproductif et thérapeutique, dans le cadre de la problématique plus générale des cellules souches qui ne cesse elle-même de rebondir et de se complexifier au fil de la Recherche&Développement biomédicale ...

Au plan des questions et peut-être des réserves qui me sont venues à l'esprit en étudiant ce texte, je mentionnerai trois points :

1) Il est relativement peu question de la *recherche* scientifique ou technoscientifique; la Déclaration parle le plus souvent du *développement* scientifique ou technique. Cette accentuation est justifiée, si, comme il semble, la Déclaration tout en affirmant sa portée universelle, s'adresse avec davantage d'insistance au monde en développement. C'est d'ailleurs encore à celui-ci qu'il est référé dans les rares passages où la recherche scientifique est expressément évoquée. Cette orientation me paraît non seulement compréhensible mais aussi légitime. Heureusement, je constate que le principe de la liberté de la recherche et du chercheur est explicitement reconnu[1]. Il ne s'agit pas d'une liberté absolue, puisque ce principe doit être interprété en tenant compte des autres, et avec une vigilance toute particulière lorsque la recherche est délocalisée ou multicentrique.

---

1. Dans la version de 2005, alors qu'il était absent de celle de décembre 2004.

2) Si les problèmes et les controverses bioéthiques sont en effet suscités par les développements scientifiques et techniques, comme indiqué de façon répétée dans les préalables de la Déclaration, il convient de souligner qu'ils le sont tout autant, si pas davantage au plan global qui est celui de la Déclaration, par le multiculturalisme lui-même, les inégalités économiques, les défaillances de la gouvernance démocratique, les insuffisances de l'éducation, etc.

3) Enfin, je trouve encore un peu excessive ou mal équilibrée l'importance accordée à certaines questions d'éthique environnementale. Elle reste focalisée sur la biodiversité[1], alors que d'autres questions non évoquées sont au plan éthique aussi très sensibles (le traitement des animaux d'agrément, d'élevage et de laboratoire, par exemple). Cette focalisation conduit quelquefois à des formulations qui connotent l'écologie profonde ou fondamentaliste, pourtant éloignée de l'esprit de la Déclaration. Par exemple, lorsqu'on lit que « les êtres humains font partie intégrante de la biosphère » comme s'ils s'y dissolvaient; ou encore lorsque l'on rencontre une exigence de responsabilité tellement grande qu'elle en paraît démesurée : « Toute décision ou pratique doit tenir compte de ses effets sur toutes les formes de vie et leur interaction (…) ». Il y a aussi des absences symétriques de ces insistances. Par exemple, lorsque l'on rappelle que « l'intérêt et le bien-être de la

---

1. Heureusement, la valeur de la diversité culturelle (à laquelle l'Unesco a consacré une Déclaration universelle en 2001) est aussi mentionnée.

personne humaine prévalent sur le seul intérêt de la science ou de la société ». Fort bien. Mais ne doivent-ils pas au même titre prévaloir sur ce que beaucoup appellent les « intérêts de la nature ou des êtres de nature » ?

Ma conclusion sera très brève et sans surprise : telle que je la comprends et dans l'état où j'ai eu à la commenter, la Déclaration constitue, dans l'ensemble, un texte à la fois accessible, fort complet et réfléchi, dans un domaine où la complexité, la confusion et les pièges idéologiques sont particulièrement élevés.

SIGLES ET ABRÉVIATIONS

CIB	Comité International de Bioéthique
CIGB	Comité Inter-Gouvernemental de Bio-éthique
COSS	Comité d'Organisation Scientifique et Stratégique du Collège de France
DUDH	Déclaration Universelle des Droits de l'Homme
GEE	Groupe Européen pour l'Éthique des Sciences et des Nouvelles Technologies
IA	Intelligence Artificielle
PC	Programme Cadre
R&D	Recherche et Développement
R&I	Recherche et Innovation
RDI	Recherche et Développement et Innovation
RDTS	Recherche et Développement Techno-Scientifiques
TIC	Technologies de l'Information et de la Communication

BIBLIOGRAPHIE

ANDLER D., FAGOT-LARGEAULT A. et SAINT-SERNIN B., *Philosophie des sciences*, t. I, Paris, Gallimard, 2001.

AXELOS K., *Marx, penseur de la technique*, Paris, Minuit, 1961.

BACON, *Novum Organum*, trad. fr. M. Malherbe et J.-M. Pousseur, Paris, PUF.

– *La Nouvelle Atlantide*, trad. fr. M. Le Dœuff et M. Llasera, Paris, GF-Flammarion, 1995.

BEAULIEU Ét.-É., *Cours et travaux du Collège de France 2002-2003*, Annuaire, 103ᵉ année, 2003.

CHERRUCRESCO H., *De la recherche française...*, Paris, Gallimard, 2004.

CURD M. et COVER J.A. (éd.), *Philosophy of Science. The Central Issues*, W.W. Norton, 1998.

DUCASSÉ P., *Les techniques et le philosophe*, Paris, PUF, 1958.

DAVIGNON Ét., *Évaluation quinquennale des programmes-cadres de RDT de la Communauté européenne*, Luxembourg, Office des Publications Officielles des C.E., 1997.

ECHEVERRIA J., *La revolucion tecnocientifica*, Madrid, Fondo de Cultura Economica, 2003.

ENGELHARDT H.T., *The Foundations of Bioethics*, Oxford, Oxford University Press, 1986 ; 1996.

– *Bioethics and Secular Humanism*, SCM Press et Trinity Press International, 1991.

FUKUYAMA F., *Our Posthuman Future*, New York, Farror, Straus and Giroux, 2001.

GOFFI J.-Y., *La philosophie de la technique*, «Que sais-je ?», Paris, PUF, 1988.

HABERMAS J., *L'avenir de la nature humaine*, Paris, Gallimard, 2001.

HACKING I., *Representing and Intervening*, Harvard, Harvard University Press, 1983.

– *The Social Construction of What ?*, Harvard, Harvard University Press, 1999.

HARDING S., *Is Science Multicultural ?*, Indiana University Press, 1998.

HEISENBERG W., *La nature dans la physique contemporaine*, trad. fr. U. Karvélis et A.E. Leroy, «Idées», Paris, Gallimard, 1962.

HOTTOIS G., *Philosophies des sciences, philosophies des techniques*, «Collège de France», Paris, Odile Jacob, 2004.

– *Qu'est-ce que la bioéthique ?*, Paris, Vrin, 2004.

– et MISSA J.-N. (éd.), *Nouvelle Encyclopédie de Bioéthique*, Bruxelles, De Boeck, 2001.

KAPP E., *Gundlinien einer Philosophie der Technik* (1877), réédition Düsseldorf, Stern, Janssen & co., 1978.

Livre vert sur l'innovation, Luxembourg, Office des publications officielles des C.E., 1995.

MERTON R., *The Sociology of Science*, Chicago, Chicago University Press, 1973.

NEWTON-SMITH W.H. (éd.), *A Companion to the Philosophy of Science*, Oxford, Blackwell, 2000.

PELTONEN M. (éd.), *The Cambridge Companion to Bacon*, Cambridge, Cambridge University Press, 1996.

RORTY R., *Consequences of Pragmatism*, The Harvester Press, 1982.

RESNIK D.B., *The Ethics of Science*, Londres, Routledge, 1998.

REY A., *Dictionnaire historique de la langue française*, Paris, Le Robert, 1992.

« Sciences et techniques dans la société », *Revue européenne des sciences sociales*, n°108, 1997.

SIMONDON G., *L'individuation psychique et collective*, Paris, Aubier, 1989.

SLOTERDIJK P., *Règles pour le parc humain. Réponse à la lettre sur l'humanisme de Heidegger*, Paris, Mille et une nuits, 2000.

STENGERS I., *Histoire de la chimie*, Paris, La Découverte, 1993.

WITTGENSTEIN L., *Philosophische Untersuchungen – Philosophical Investigations*, Oxford, Blackwell, 1953.

INDEX DES NOMS

INDEX DES NOTIONS

TABLE DES MATIÈRES

ACHEVÉ D'IMPRIMER
EN OCTOBRE 2005
PAR L'IMPRIMERIE
DE LA MANUTENTION
A MAYENNE
FRANCE
N° 248-05

Dépôt légal : 4ᵉ trimestre 2005